本丛书得到何东先生独资赞助

This series of books is financially supported exclusively
by Mr. Eric Hotung.

20世纪中国文物考古发现与研究丛书

# 古代石刻

赵 超/著

文物出版社

## 《20世纪中国文物考古发现与研究丛书》编辑委员会

一　徐州小龟山楚王墓墓道塞石

二　嘉祥武梁祠汉画像石

三　山东石刻艺术馆藏嘉祥出土汉画像石

四　山东石刻艺术馆藏北齐高庆碑

五　山西运城博物馆藏北朝造像碑

*20世纪中国文物考古发现与研究丛书*

# 序 / 张文彬

俗称"锄头考古学"的田野考古学的诞生以及中国考古学学科体系的基本完善，由此而引起的古物鉴玩观赏著录向科学的文物学的转变，是20世纪中国学术与文化界的大事。它从材料与方法两个方面彻底刷新了持续了数千年之久的中国古代史学传统，不但为中国学术界和文化界开拓出更加广阔的研究天地，也为一切关心中华民族悠久历史和灿烂文明的人们不断地提供了可贵的精神滋养和力量源泉。

仰古、述古、探古，进而考古，向来为我国传统文化中一个明显的学术特点。先秦时期诸子百家发其端，汉代司马迁撰写《史记》，北魏郦道元作注《水经》。他们对相关的遗迹遗物，尽可能地做到亲自考察和调查，既能辨史又可补史。这种寻根追源的治学态度，为后世学术上的探古、考古树立了榜样。此后，山河间的访古和书斋式的究古相继开展，特别是对古器物的研究，成了唐、宋时期的文化时尚。不少学者热衷于青铜铭文、碑刻、陶文、印章等古文字的考释，进而有了对器物的辨伪鉴定、时代判断、分类命名等，逐渐兴起了一门新的学问——金石学，涌现出许多著名的古器物鉴赏家和收藏家。只是囿于当时的历史条件，金石学家们无法了解所见文物的出土地点和情况，也难以涉及史前时代漫长的演进历程，因而长期以来始终脱离不了考证文字和证经补史的窠臼。即使如此，他们的艰辛努力和取得的成绩，还是为推动我国传统文化的发展起到了积极作用，并且在事实上也为中国考古学和中国文物学的起步铺设了最早的一段道路。

20世纪初，近代考古学由西方传入。中国学者继承金石学的研究成果，学习并运用西方考古学方法，开始从事田野考古，通过历史物质文化遗存，探寻和认识古代社会，揭示人类社会发展规律。早在1926年，中国学者就自行主持山西南部汾河流域的调查和夏县西阴村史前遗址的发掘。随后，我国学者同美国研究机构合作，有计划地发掘周口店遗址，发现了北京猿人。从1928年起至1937年，连续十五次发掘安阳殷墟遗址，取得了较大收获，引起了国内外学术界的重视。自20世纪50年代以后，随着国家大规模经济建设的进行，田野考古勘探、调查和科学发掘工作在全国范围内蓬勃有序地开展，许多重要的典型遗址和墓地被揭露出来，重大发现举世瞩目。它们脉络清晰，层位分明，文化相连，不仅弥补了某些地域上的空白，而且衔接了年代上的缺环，为研究中国古代史、文化史、科学史以及其他学科领域，提供了珍贵、丰富的实物资料，极大地影响着人文社会科学诸多学科专业的研究与发展。这段时间被学术界称为中国考古学的黄金时代。在马列主义理论指导下，具有中国特色的考古学理论体系和方法论逐渐形成。有关研究成果不仅极大地改变和丰富了人们对中国文明起源、中国古史发展等重大问题的认识,同时也扩展了中国文物的研究领域和研究方式。可以说,考古学的发展与进步,直接影响到文物学的形成与发展,而且影响到全社会对文化遗产重要作用的认识以及世界学术界对中国古代文明的重新认识。

从20世纪80年代开始,文物界就中国文物学的创立,逐渐取得共识,在共同探讨的基础上,初步形成了学科体系。不少学者发表了有关论文,出版了专著,就文物的历史价值、科学价值、艺术价值以及在社会主义的物质文明与精神文明建设中如何对文物进行有效保护、合理利用发表意见。这些研究成果已获得学术界的赞同。

在这世纪之交和千年更替之际,对中国考古学和中国文物事业作一次世纪性的回顾和反思,给予科学的总结,是许多学者正在思考和研究的问题。如果能通过梳理20世纪以来重大发现和研究成果,透视学科自身成长的历程,从而展望未来发展的方向,以激励后来者继续攀登科学高峰,无疑是一件很有意义的事。为此,经过酝酿、商讨和广泛征求意见,我们约请一批学者(其中有相当多的中青年学者)就自己的专长选择一个专题,独立成篇,由文物出版社编辑出版一套《20世纪中国文物考古发现与研究丛书》,并以此作为向新世纪的献礼。

从某种意义上说,《20世纪中国文物考古发现与研究丛书》是一套学科发展史和学术研究史丛书。其内容包括对20世纪考古与文物工作概况的综合阐述;对一些重要的考古学文化和古代区域文化研究情况的叙述;对文物考古的专题研究;对重要的文物考古发现、发掘及研究的个例纪实。

此套丛书的内容面广,而且彼此关联。考虑到各选题在某些内容上难免会有重叠或复述,因此在编撰之初,我们要求各选题之间互有侧重，彼此补充，以期为读者了解 20 世纪中国考古学和文物学的发展提供更多的视角。

我国的文物与考古工作，虽在 20 世纪得到了迅速发展，但仍有许多重大学术问题需要进一步探索。我们主持编辑这套丛书，除了强调材料真实，考释有据，写作态度严谨求实外，也不回避以往在工作或研究上曾经产生的纰漏差错和不足之处，以便为今后的工作和研究提供借鉴。虽然我们尽了很大努力，但限于水平，各篇仍很难整齐划一。由于组稿和作者方面的困难和变化，一些计划之中的题目也未能成书。这些不周之处，敬请专家、学者和广大读者批评指正。

在丛书编印过程中，我们得到了文物、考古界的广泛支持。何东先生在出版经费上给予了热情帮助。在此，一并深表感谢。

2000 年 6 月于北京

# 目　　录

# 插 图 目 录

前言

20 世纪即将终结。在这翻天覆地的一百年中，人类对自己处于其中的宇宙社会，在各方面都极大地加深了认识。其中考古学上的发现与研究尤为突出。中国考古文物方面的一系列重大发现，使我们比以往任何时候都更加清楚地了解了中华古代文明。

在茫茫九州大地上孕育起来的中华古代文明，拥有世界上持续时间最长的文字历史。石刻作为人们最早使用的文字载体之一，在中华古代文明中具有重要的地位。远在 2000 多年前的汉代，司马迁就在《史记》一书中记录了秦始皇巡游各地时刻写的刻石文字内容。由此以来，关于中国古代的石刻，尤其是石刻文字，历代都有所著录与考证研究，并且在北宋时期形成了中国古代传统文化的一个重要组成部分——金石学。它曾经作为中国近代考古学的前身，在学术研究中起过重要作用。

进入 20 世纪以来，西方的以田野发掘为基础的近代考古学传入中国。石刻作为具有中国特色的文化遗物，同样在考古学中表现出重要的资料价值。随着考古调查与田野发掘的深入开展，新的地下石刻材料接连不断地被发掘出来。远在边疆僻野的石刻也纷纷得到发现与介绍。至今国内外所保存的中国古代石刻，无论在数量上，还是在保存史料的丰富上，仍在众多类型的古代遗物中名列前茅。特别是随着新的考古学科学研究方法被介绍进来，人们对石刻的研究也有了很大改进，不仅仅局限在石刻铭文上面，而是发展到将石刻的纹饰、形制、制作方法等等都作为研究的对象。除了传统金石学者注意的碑、墓志、摩崖等以外，还将各种石质建筑构件、画像石等也纳入了石刻的研究范围。这些改变，极大地推进了石刻研究的深入与提高，取得了大量重要的研究成果。可以说，20 世纪，是中国古代石刻研究内容大大扩展、研究方法有了重大改变的一个世纪；也是古代石刻材料有大量出土发现，为学术研究作出重大贡献的一个世纪。

在 20 世纪即将过去的时候，我们在此回顾本世纪里国内众多学者与文物考古工作者在中国古代石刻的发现与研究中所取得的丰硕成果，展望今后尚待完成的大量任务，并且希望通过这一简要的介绍，折射出历史悠久的石刻研究在新生中闪烁的烨烨光华，反映出石刻研究在飞速发展变化的 20 世纪迈出的坚实步伐。此外，需要提及，本世纪以来，国际上的汉学学者与港澳台学者对于中国古代石刻也做了大量的研究工作，尤其是对画像石、佛教石刻等所做的工作尤为突出。限于内容与条件，这里我们没有对他们的研究情况加以介绍。希望以后能有专门的著述，将国外与港澳台地区的研究情况予以全面的评介。

一 历代碑石

## （一）20世纪中的古代碑石发现

在本世纪初，河南偃师附近出土的汉魏石经残石曾经是引人注目的新发现。作为中国最早的经典著作刻石，汉魏石经历来受到人们的重视，但是它们由于多次受到迁徙与破坏，到了宋代便仅残余极少量的残碎石块。就是这些碎石，也往往被历代的金石学者视若拱璧，反复著录。而本世纪20年代以来，在河南偃师太学村汉魏故城南郊的太学遗址地区，当地村民陆续挖掘出土了一批宝贵的汉魏石经残块。当时，徐森玉等人曾到洛阳游历，北京大学也曾派古迹古物调查会的马衡去洛阳考察太学遗址。他们发现了这些残石，并且认出是汉魏石经，加以搜集，从而引起当地居民的注意，加紧挖掘，以后多有出土。马衡在1927年编辑出版了《集拓新出汉魏石经残字》。罗振玉根据自己收集到的拓本与上述一书中的拓本编辑成《汉熹平残字集录》。而马衡的《汉石经集存》则是收集本世纪初至50年代出土汉石经残石（包括以前传世的汉石经残石）最完备的一部著作。

1922年12月，洛阳东南碑楼庄村民在掘药草时挖出了一块迄今为止所见到的最大的魏三体石经残石，长、宽各有1米左右，有文字1800多个，正面刻写《尚书》的《无逸》、《君奭》两篇，背面刻写《春秋左传》的僖公、文公年间内容。但遗憾的是此残石被购买者谢荣章凿成两半。这种盗掘兼破坏的情况在解放前一直存在,使得出土的汉魏石经流散各地,多有佚失。流散到海外的石经中,以日本京都国立博物馆所藏的春秋公羊传一石最大。30年代初,当地又出土了刻有《君奭》篇的魏石经左下角残碑。它的正面下方刻写"第廿一",背面刻写"第八"的序号。马衡曾根据它判断,魏三体石经应该是28块碑石。

1957年,在西安市内还发现了魏石经的一块残石,刻写着《尚书》的《梓材》篇部分文字。这可能是于唐代初年迁移时搬运到长安去的[1]。

解放以后,石经的发掘纳入了科学的轨道。中国科学院考古研究所长期在汉魏故城地区开展调查与发掘工作,已经确认了河南偃师县佃庄公社(乡)东大郊的太学村一带就是汉魏时期的太学旧址。1962年,当地社员曾挖出一块比较大的汉代石经残石,1968年又在这里挖出一块,它们都被中国科学院考古研究所收集。这两块残石的两面均刻有隶书文字。1962年出土的一件长0.2米,宽0.32米,厚0.165米。阳面残存文字12行,每行1至5字,共37字。内容属于《尚书》的《舜典》、《皋陶谟》、《益稷》等章节。阴面存文字16行,每行2至8字,共存84字。内容为《尚书》的校记。1968年出土的一件长0.27米,宽0.32米,厚0.165米。阳面存9行文字,每行3至12字,共有77字。内容属于《尚书》的《皋陶谟》、《益稷》、《禹贡》等。阴面为《尚书》的《泰誓》与刻写石经的《书序》,以及《尚书》的校记,但是由于漫漶,只能释读出20余字[2]。

1980年,在河南偃师汉魏太学遗址,又发掘出汉代熹平石经的残石 661 块，其中有文字者 96 块。铭文的内容包括《仪礼》、《春秋》、《鲁诗》、《论语》以及《仪礼·校记》、《鲁诗·校记》等。这批石经残石出土于遗址瓦砾堆积下，基本上都被打得很碎，可能是将石经碑石改作其他建筑石件后留下的用于垫地的碎块。其中最大的长、宽各 0.17 米，最小的只有 0.042 米长。有字的残石一般上面保存几个字，最多 10 余字，有些仅存一两个笔画。在这批残石中一共可以找到 366 个字，可以确认的有 293 个。有些残石可以与以前出土的材料相缀合，有些可以互相粘对在一起。它们所包括的丰富内容，为汉石经的研究提供了有益的实证。以后几年，洛阳石经还偶有发现[3]，其材料正在陆续整理发表，它们对于深入研究了解汉魏石经的全貌具有重要的参考价值。

　　本世纪初，河南等地也曾经陆续出土一些古代碑刻，如：1922 年在孟津县张阳村一座北魏墓葬中出土的东汉甘陵相尚府君碑。此碑是被北魏人打断作为建筑材料使用的，仅存两段，一段长 1.2 米、宽 0.22 米，另一段长 1.8 米、宽 0.24 米，两段共残留 300 余字。据碑文记载，碑主名博，字季智。碑石现存河南省偃师县文管会。1923 年，偃师汉魏故城东南出土了东汉袁敞碑。碑石高 0.75 米，宽 0.63 米，存 70 余字。袁敞见于《后汉书·袁安传》，是袁安的儿子。该碑出土后，其内容及书体引起不少研究者的兴趣，现归辽宁省博物馆收藏。1930 年，在距发现袁敞碑约 1.5 公里处又发现了东汉永元四年（92 年）袁安碑，现藏河南省博物馆。碑残高 1.39 米，宽 0.73 米，存 140 余字。碑文为小篆书写，字体厚重圆润，深得书法界重视。该碑原被当作庙中的供案，发现后又曾一度不明去向，至 50 年代才再次发现于当地公社院内。1937 年，在南阳东面的李相公庄出土了汉代的赵菿碑。1925 年，孟津县还出土了西晋元康元年（291 年）成晃碑。碑高 0.77 米，宽 0.288 米，存约 180 字。这件石刻虽然自称为碑，但是出于墓室中，形制矮小，实际上应该属于墓志的性质。它为研究墓志的起源与演变提供了证据。

现存的古代碑石以墓碑、功德碑、宗教碑刻等类型为主，它们在全国大多数省市都有分布，很早以前就有所收集与保护，但是其中比较重要的碑石主要集中在以西安为中心的关中地区、洛阳地区以及河北、山东、江苏、湖南等地。著名的收藏地如：陕西西安碑林博物馆、陕西昭陵博物馆小碑林、陕西耀县药王山石刻群、陕西祖庵碑林、陕西楼观台石刻群、河南洛阳关林石刻艺术馆、河南开封博物馆、河北隆尧石刻保管所、山东曲阜孔庙、山东济宁小金石馆、苏州石刻博物馆、北京石刻艺术馆等。其中陕西碑林保存的唐开成石经、三藏圣教序碑、道因法师碑、多宝塔感应碑、颜氏家庙碑、大秦景教流行中国碑、玄秘塔碑等著名碑刻与昭陵陪葬墓碑等都是深受重视的珍贵文物。历代金石著作对这些主要的唐代碑刻都有详细的记录与考证。

1949 年以后，各地文博单位对散存各地的碑刻陆续进行了集中与保护工作，这种为了保护而必须进行的移动改变了碑刻的原所在环境，丧失了有关的考古信息。因此，这些移动过的碑石现在主要作为历史文物供今人研究参考。值得注意的是，在近 50 年来的考古发掘中发现了一些前人未见的碑石，对于古代石刻与考古学研究都具有重要的参考价值。尤其是这些石刻具有科学的发掘记录，有助于了解古代石刻的组合与设置情况。

　　新出土的比较重要的东汉碑石有河南偃师出土的侍廷里父老僤买田约束石券（图一）[4]、河南南阳出土的汉张景造土牛碑（图二）[5]、偃师出土的汉肥致碑（图三）[6]，北京石景山出土的汉幽州书佐秦君石阙[7]，天津出土的鲜于璜碑（图四）[8]、四川郫县出土的犀浦簿书残碑（图五）[9]、四川昭觉出土的五曹诏书碑[10]，山东平度出土的汉王舍人碑[11]等。幽州书佐秦君石阙与鲜于璜碑除去具有重要的历史资料价值外，还可以结合墓葬发掘与同时出土的其他石刻，揭示汉代墓葬的地面建筑情况，引起人们的高度重视。

图一　东汉侍廷里父老僤买田石券

图二 东汉张景造土牛碑

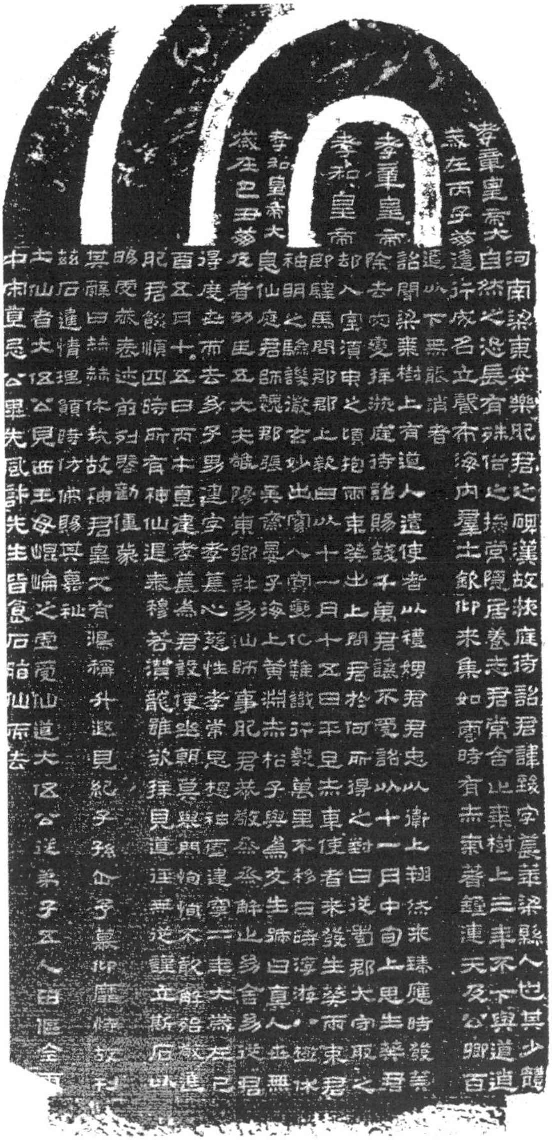

图三 东汉肥致碑

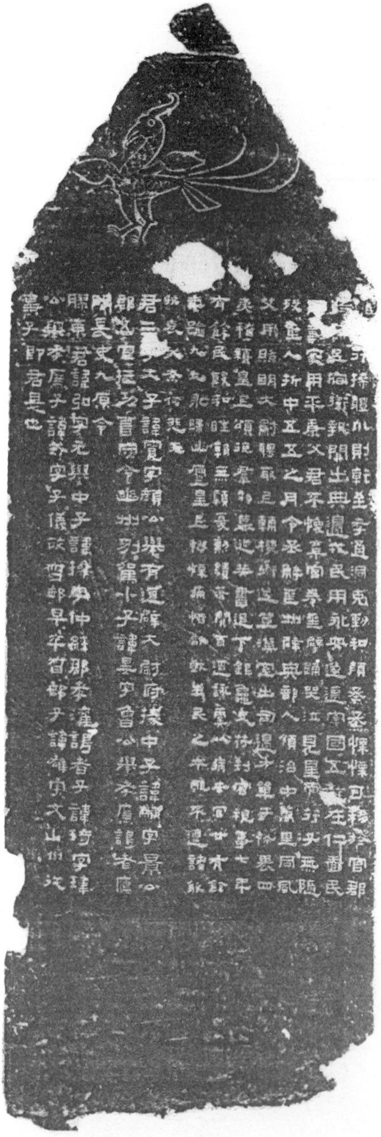

以上石刻的文字内容引起了研究者的极大兴趣。1973 年出土的东汉建初二年（77 年）侍廷里父老僤买田约束石券，高 1.54 米、宽 0.8 米。全石未经打磨。正面阴刻券文，现保存碑文 12 行，213 字，其中记载：东汉永平十五年（72 年），侍廷里的父老 25 人组成一个叫作"父老僤"的互助团体，共聚集 61500 钱作为基金，购买了 82 亩土地，将这块土地借给担任里父老的人，以出产的收入作为担任里父老者的经费，当此人不担任里父老后，就将这块地转给下一位担任里父老的人使用。成员的权益，在其死后可以由子孙一个人来继承。这件石刻是比较罕见的汉代社会实用石刻，记录的社会基层生活状况可以补充古代文献的不足。它对

图四　东汉鲜于璜碑

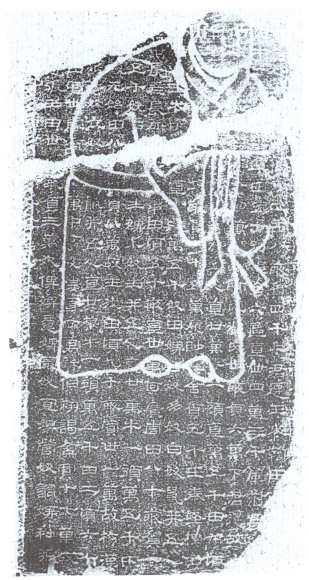

图五 东汉犀浦残碑

于了解汉代民间社会中残存的原始公社制度，进而了解中国古代社会中生产关系的演化过程都具有相当重要的意义。

1964年，在北京石景山上庄发现的幽州书佐秦君石阙与神道石柱对于认识汉代的墓葬建筑以及孝义思想具有重要的价值。出土石刻共五件。两件圆柱上端有方形题额，刻写"汉幽州书佐秦君之神道"，左右刻有虎纹。这是树立在墓道前面的神道柱，它改变了以前只在南朝石刻中才能见到完整的神道柱的情况。石阙的构件中，有一件刻有一篇"乌还哺母"的长篇铭文，记载了建立石阙纪念亡父的经过。

1973年出土于天津武清县兰城村的鲜于璜碑，是东汉考古中的重要发现，也是保存最好、最完整的一座汉碑。碑通高2.42米、宽0.81米、厚0.12米，圭首，上部中央有穿。碑上装饰有青龙、白虎、朱雀与云纹等图案，雕刻得十分精致。书体整齐秀美，具有典型的特征，是汉隶中别具一格的作品。墓主鲜于璜，出身于北方大族，由上郡王府察孝除郎中，累迁至雁门太守。碑文中记录了大量重要史料，极富参考价值。

1966年，在四川郫县出土了两件被后人改作他用的汉代残石刻，一件是东汉永建三年（128年）的王孝渊碑。它的四面都刻有画像，如男女立像、朱雀、玄武、青龙、白虎、伏羲、女娲等，碑的正面下部刻有铭文13行，文字多残损。根据画像情况，似乎这是汉代画像石墓中的立柱，但是由于习称为石碑，所以暂时附入这里介绍。另一件是被改作墓门的残碑，上端及左右都已经缺损，残高1.57米、宽0.715米。根据残文，此碑记录的是一批家庭资产，包括田地、奴婢、牛等，并注明其价值。这是古代被称为"资簿"的文书记录，汉代的文书账簿出现在石刻中，这还是首次发现。

1983 年，在四川省昭觉县出土了一件刻有汉代"五曹诏书"的残碑，同时出土的还有 10 件石阙的残件等。碑呈长方柱形，高 1.62 米、宽 0.625 米、厚 0.42 米。现存文字约 400 字。碑文内容是东汉光和四年（181 年）领方右户曹史张湛任命冯佑为安斯乡有秩，并且免除了该地上诸、安斯二乡赋税的文书公告，对于了解汉代官司行政制度与文书情况具有参考价值。

在山西的汉墓发掘中，也清理出几件残缺的汉碑碎块，如 1976 年在临猗县城关乡翟村出土了东汉建宁元年（168 年）九月辛酉守绛邑长碑的残石，存 50 字。1989 年在清理夏县胡张乡王村的一座汉代砖室墓时，于盗洞深处出土了一块隶书残石，存有"有周"、"艾"等字样，书体似东汉作品，可能是原来墓前的碑石[12]。

在以往很少有汉碑记载的内蒙古地区，近年来也发现了一件内容比较完整的汉代墓碑。它出土于包头市南郊的召湾村 91 号汉墓，墓碑已经残损，共有 3 块残石。第一块存 9 行，90 余字；第二块存 3 行，可辨识 5 字；第三块存 2 行，可辨识 4 字。根据残留的纪年，该碑石刻立于东汉建宁三年（170 年）十一月。这是在内蒙古发现的首件较完整的汉碑[13]。

1985 年，在河南省许昌市发现了汉平原相陈元残碑[14]。1956 年，在山东省曲阜东陶洛村出土了汉代的一件残碑，可惜已经碎成十几块小石块，经过拼和，可以看到数百个文字，大致可以了解碑文内容[15]。1956 年，在云南省昆明的塔密村也曾发现一件汉代的残石，长 1.15 米、宽 0.57 米，刻有 6 行铭文，由于它曾被用作桥梁，文字多有残泐，根据残存的文字可以确定它是东汉延光四年（125 年）刻造的一件墓地地界碑石[16]。1978 年 12 月，在河南省博爱县聂村出土一件晋代的墓地神道柱石刻，存有柱身与底座 2 节，高 3.1 米，上部的方形碑版上刻有"晋故乐安相河内苟府君神道"的字样[17]。1989 年 10 月，在河南博爱县张茹集乡武格寨村出土了东魏的义桥石像碑以及唐武德年间的于府君等义桥石像之碑[18]。

一些以前有所著录，但久已亡逸的古代碑刻（尤其是唐代的碑石）也在考古调查中被重新发现。如：西安出土的开成元年（836 年）回元观钟楼铭[19]、唐重修内侍省碑[20]，长安县出土的贞观十三年（639 年）智该禅师碑[21]，高陵发现的开元九年（721 年）东渭桥记残碑[22]，昭陵发现的贞观十七年（643 年）李丽质碑[23]、显庆三年（658 年）周护碑[24]，以及开元二十六年（738 年）李承乾碑[25]等。

回元观钟楼铭是 1986 年在西安的城市建设中出土的。原石高 0.6 米、宽 1.24 米，呈较为罕见的横式碑形，可能原来是嵌在钟楼建筑的基层上。碑文记录了天宝初年，唐玄宗曾经赐给安禄山邸宅，肃宗时，将这座邸宅改为道观，命名为回元观。文宗大和四年（830 年）又用道教徒们捐献的钱财修建了钟楼和大殿等建筑。这些记录，与《安禄山事迹》等书的记载相近同。铭文为令狐楚所撰，著名书法家柳公权所书，堪称一件珍贵的书法佳作。

1978 年出土的唐重修内侍省碑，是一件重要的历史资料。原石通高 3.6 米、宽 0.94～0.98 米、厚 0.32 米，此外还有高 0.62 米的龟趺，是形制巨大的唐代丰碑。碑文内容是记录内侍省的枢密使宋道弼等四人将由于战乱而破坏的内侍省重新修建的功绩。此碑出土于距唐代长安城内皇城西墙约 240 米处，与《长安志》等古文献记载相符合。

一些考古发掘中出土的碑石具有相当重要的考古历史价

值，如扶风法门寺塔基出土的《大唐咸通启迎歧阳真身志文》、《应从重真寺随真身供养道具及恩赐金银器物宝函等并新恩赐到金银宝器衣物帐》[26]、《支提之塔碑铭》[27]、《惠恭禅师大德之碑》[28]，吉林出土的《渤海国贞惠公主墓碑》（图六）[29]等，都是引起学术界重视的可贵历史资料。随真身供养道具及金银宝器衣物账刊刻在一块长 1.135 米、宽 0.68 米的碑石上，共存 1700 余字，主要记录了贡献物品的名称、数量、器物重量与贡献者的姓名职衔。《大唐咸通启迎歧阳真身志文》记录了当时迎送佛骨的经过情况。它们都是在法门寺塔基地宫中出土的。而在拆除地宫的过程中，还发现了已经残断的《支提之塔铭》、《惠恭禅师大德之碑》。《支提之塔铭》残高 0.73 米、宽 0.55 米，是为惠恭禅师所立的墓塔铭记。碑首刻有"大唐歧州歧阳县法门寺检校佛塔大德禅师惠恭支提之塔"的字样，碑身刻成门扇形状，上面刻有童子，门两侧各刻一座脚踏鬼怪的天王像。将已断成几段的《惠恭禅师大德之碑》拼和后，碑残高 1.66 米、宽 0.64 米。碑阳残存 30 行，约 1500 字；碑阴残存 34 行，约 2000 字；碑中主要记录了惠恭禅师在"贞观之末沐浴舍利，便烧二指，发菩（提）心"，"显庆首年施绢三千匹修营塔庙"的历史与修葺法门寺的情况。该碑可能是在唐武宗会昌灭佛时被毁坏，唐懿宗重修地宫时被砌入地宫隧道中的。

1985 年，在陕西临潼新丰砖瓦厂发现了一处唐代的舍利塔基精室，出土了一件《上方舍利塔记》碑，以及其他大量佛教文物。根据碑文，确定这里是唐代庆山寺的遗址。这是唐代佛教塔基考古发掘的重大发现[30]。

近年来，河南洛阳、孟津、伊川、登封等地陆续出土了唐开元二十九年(741年)孙俊碑、天宝元年(742年)菅元惠碑、

图六　唐渤海贞惠公主碑

显庆六年（661年）尔朱休碑[31]、天宝十一年（752年）大唐中岳永泰寺碑[32]、大历十一年（776年）裴遵庆神道碑[33]等。1990年在孟津出土的孙俊碑高达3.8米，宽1.1米，蟠龙首，雕刻精致生动。孙俊为唐高宗时司成、中书门下三品平章事孙处约的第四子，官至荆州大都督府长史。1934年，在孟津曾经出土过孙处约的墓志，可见这一带是孙氏的家族墓地所在。撰碑人张嘉贞，官至同中书门下平章事、中书令，两《唐书》有传。碑文记录了大量史料，为研究孙处约一家的祖籍、世系、履历以及有关史事提供了可靠的材料。1980年在洛阳发现的菅元惠碑，高1.77米、宽0.99米，根据文献记载与考古调查复原，其出土地点在唐代洛阳城的毓德里中，而碑中记载菅元惠宅第正在毓德里内。说明这件碑石刻完后，并没有送到墓地，而不知因何原因留在了里宅中。这对于了解唐代洛阳里坊情况是一个很好的证明。该碑为著名唐代书法家史惟则所书，具有较高的艺术价值。裴遵庆碑早在清代的金石著作中就多有记载，具有一定的史料价值。近年重新得到调查，确认了所在地。

1980年，在登封县少林寺修复寺中的达摩亭时，从嵌置于亭内东墙上的一件金代所刻观音像碑的背面发现了一件刻于唐上元元年（674年）的唐太宗龙潜教书碑，全文共202字，文字内容与现存少林寺中的唐秦王告少林寺教书碑基本相同[34]。此外，近年来，少林寺中还陆续发现了唐代的金刚般若波罗蜜经残碑、大唐天后御制愿文碑、厨库记残碑，明代的无言道公雪居禅师行实碑记等10余件碑石[35]。陕西礼泉新出土了永淳元年（682年）封临川公主诏书碑[36]等唐代碑刻。这些都是近代以来较罕见的大型碑刻发现。

对于这些新发现的碑石，发掘单位一般都进行了有关碑石刊立时间、地点、有关人物以及碑石铭文内容涉及的史实等方面的考证与介绍，但是多缺乏对碑石原环境的详细考察。对于移动过的碑石，尚缺乏对原石移动情况的分析。

造像碑，尤其是北朝时期造像碑的收集与发现，是本世纪值得注意的古代碑刻研究中的新收获。陕西耀县药王山造像群，就是比较重要的北朝造像与造像碑收集。有人统计，在陕西关中、渭河流域散布的造像碑至今仍保存有 250 至 300 件。其中有可贵的道教造像碑与佛道教混合造像碑 50 余件[37]。河南、山西、山东等地也有一些重要的造像碑存世。

陕西临潼等地近年来发现了许多造像碑，如 1983 年在临潼征集到的北魏正始二年（505 年）造像碑、神龟二年（519年）造像碑、正光四年（523 年）造像碑、西魏大统六年（540 年）吉长命造像碑等[38]。1976 年在山东博兴出土了东魏武定五年（547 年）郭神通等造像碑[39]。1981 年至 1983 年间，在陕西洛川陆续发现了北魏李黑城造像碑，西魏法龙造像碑，北周郭乱颐、杨广娟、王子崇等造像碑。在黄陵发现了西魏似先难及造像碑，北周符茂、任要好造像碑等。此外在长武发现一批佛教造像碑[40]。在甘泉发现了一些五代与宋代的造像碑等，极大地丰富了有关这一地区佛教造像碑的知识[41]。这些造像碑中的供养人题名内容丰富，反映了当时这些地区的民族分布与融合情况，如北魏杨阿绍造像碑、北周杨洪义造像碑等，保留了大量氐、羌、匈奴、鲜卑、杂胡等少数民族人口的记载，是研究当时社会与民族状况的极好材料。有些造像碑还具有书法发展史上的参考价值，具有相当的书法造诣，如北魏姚伯多造像碑等。

　　河南、山西等地也有相当数量的造像碑出土。它们雕刻精美，具有明显的时代艺术特征，如 1957 年在河南襄城县西孙庄出土的北齐天保十年（559 年）高海亮造像碑、天统四年（568 年）张伏惠造像碑[42]等，1965 年在河南省洛宁县出土的北周保定五年（565 年）造像碑、在孟津发现的北朝常岳造像碑[43]等，1958 年在山西沁源柏木乡的寺庙遗址出土的东魏天平三年（536 年）王天扶等造像碑[44]。

　　本世纪初期，学术界注意到新公布的唐代北方突厥民族人物的突厥文碑刻，如阙特勤碑、苾伽可汗碑、唐□姓回鹘爱登里罗汩没密施合毗伽可汗圣文神武碑等，并对这些碑石铭文涉及到的历史状况及唐王朝与突厥民族的关系等问题进行了深入考证[45]。对涉及唐朝与吐蕃重要史实的唐蕃会盟碑等与边疆民族相关的重要唐代碑刻也有多方面的研究考证[46]。对各民族碑石的研究是近代以来唐代碑刻研究的重点。

　　1982 年，在河南省开封县的基建工程中发现了一件北宋的二体石经碑，这是非常罕见的北宋嘉祐石经碑石。关于北宋石经的去向，历来有不同的几种解释。有人说它在金国灭宋以后被搬运到燕京，以后被毁。有人怀疑它仍在开封，被黄河泛滥后淤积的泥土所掩埋。元代周密的《癸辛杂识》中记载："汴学即昔时太学旧址，九经石版堆积如山，一行篆字，一行真书是也。"说明北宋石经至金代末年仍在开封。清代人士曾经在开封观音堂记碑阴发现了北宋石经字迹，说明有些北宋石经碑石曾经被改为其他碑石使用。50 年代，曾经在开封北门外发现过一件北宋石经的残石，石上刻有《礼记》。这件比较完整的二体石经碑的发现，又给北宋石经仍遗留在开封的说法提供了更大的可能性。当地传说，曾经发现过一件清代碑刻，碑上记载了明代黄河决口时搜集开封城中碑石运到北门外筑堤防洪的史事[47]。如果此事属实，估计今后会在开封发现更多的二体石经刻石。

1982 年发现的这件北宋二体石经碑石高 1.75 米、宽 0.85 米、厚 0.2 米，仅有部分损伤。碑阳刻写《周礼》天官冢宰一节的文字，碑阴刻写《周礼》春官宗伯一节的文字，每面分为三段书写，每段 30 行，每行 10 字。这对于复原北宋石经的全貌，了解它的刻写方法、排列顺序都是极可宝贵的材料[48]。

根据统计，50 年代以来共搜集到北宋嘉祐石经残石 6 块，其中《周易》3 块、《尚书》1 块、《礼记》1 块、《孝经》1 块。这里面除《周易》中的第 2 件残石由河南省博物馆收藏，《周礼》一石由开封县图书馆收藏以外，其余残石均收藏在开封市博物馆中。

宋代碑刻的发现近年也陆续有所报道。在陕西省府谷县孤山镇附近，曾经发现世袭北宋府州知州的折氏家族墓地，出土了一批墓志与碎成许多碎块的折可大墓碑，以及基本完整的折继闵墓碑。折继闵墓碑被火烧过，断成三截，高 2.22 米、宽 1.07 米、厚 0.27 米，文字书体秀美，出自蔡靖之手。现存 3000 余字[49]。山东巨野出土了熙宁七年（1074 年）薛君墓碑。它制作成与造像结合的形式，碑额为模仿屋顶的单檐歇山式，碑身上部刻造像龛，有一佛二胁侍菩萨，碑文主要刻佛说父母恩重经与功德主、立碑人、安葬师等人姓名。高达 1.95 米，宽 0.64 米。是一件极富文物价值的碑刻[50]。在浙江绍兴，也曾多次发现宋代帝陵碑刻[51]。江西德兴出土了北宋大观元年（1107 年）张潜碑。张潜曾经撰写了《浸铜要略》一书，是北宋时湿法炼铜的专家，对于宋代的炼铜业作出了重要的贡献[52]。

在茫茫草原上也有令人注意的石刻发现。内蒙古赤峰市巴林右旗的沙布尔台苏木，发现1件辽代碑刻，碑上刻写了"贱避贵，少避长，轻避重，去避来"的字样。这是一件注明当时草原道路交通规则的碑石。对于了解古代交通的情况颇具价值[53]。1986年6月，内蒙古巴林左旗林东镇出土1件辽代上京开龙寺的著名僧人鲜演墓碑，全文共857字。鲜演以研读《华严经》为主，在佛教的经、律、论上均有深厚造诣。日本木村清孝曾经专门著文《鲜演思想史的地位》予以研究。这件碑文记录了鲜演的生平、主要著述与当时辽国佛教的兴盛景象，对于了解辽国的佛教文化情况具有一定的参考价值[54]。

1979年至1980年间，在对吉林省舒兰县小城子东北的金代早期女真贵族墓地的发掘中，出土了不少墓碑与墓志残石。这一墓地绵延近4公里，分为五个墓区，每个墓区包括多处墓葬。墓前大多树有文臣、武将、石羊、石虎等石雕。本世纪30年代，在这个墓地中曾经采集到"太子少保之墓"、"奴哥马郎之墓"、"畏合裴羊吉之墓"、"悟荜明威之墓"、"阿尹太夫人之墓"等不少碑碣。这次清理中，又出土了"金紫光禄大夫墓"残碣1块，"吵看郎君之墓"碑1件，"萧国太夫人之墓"碑1件，"阿里郎君墓"碑1件，刻有"太尉……濮国公之……公讳守道"字样的残碑石1件，刻有"司代国公之碣"的残碣1件以及完颜守宁墓志、昭勇大将军同知雄州节度使墓志等。由此可以判断这处墓地为金国开国元勋尚书左丞相兼侍中完颜希尹的家族墓地。刻有"太尉……濮国公之……公讳守道"字样的残碑石应该是完颜希尹的孙子完颜守道的墓碑。刻有"司代国公之碣"的残碣应该是完颜希尹父亲完颜欢都的墓碣。这些发现对于认识金代家族墓地的分布情况与金代丧葬制度具有重要的意义[55]。

　　1972 年至 1977 年间，宁夏自治区博物馆先后在宁夏银川以西的西夏陵墓区内清理发掘了一批西夏帝陵与陪葬墓，同时清理了有关陵墓的碑亭[56]。在清理发掘工作中，出土了大量被前人破坏打碎的墓碑碎石（图七）。这些墓碑残石有西夏文字书写的，也有汉字书写的。其中残存的文字内容，有助于考

图七　西夏陵墓出土残碑

古工作者对陵墓的墓主进行判断。例如：1975年清理的陵区内2号陵两座碑亭，出土汉文残碑石510块，西夏文残碑石1265块。将这些残石加以缀合，可以看出原碑高2米以上，宽1米以上，厚40厘米左右，碑面为朱色，鎏金字。碑为螭龙首，中间有篆额。由于发现了西夏文碑的较多篆额残片，可以释读出："大白上国护城圣德至懿皇帝寿陵志文"等字样，由此判断2号陵为西夏第五代皇帝仁宗的仁孝陵。

又如1972年至1977年间清理的8号陵东碑亭中的两座西夏文碑，采用大、小两种字体，大字碑残存碑石碎块48块，小字碑残存碑石碎块290块。西碑亭有西夏文碑1座，存残石388块；汉文碑1座，存残石321块。虽然在碑石的残存文字中没有发现陵墓主人的名讳及有关称号，但是在文字中以及相关材料里还是可以找到一些有助于判断墓主的内容。像汉文碑中有"齐王以孺慕"数字。《西夏书事》卷三十九记载："遵顼，齐王彦忠子，……纯祐廷试进士，唱名第一，令嗣齐王爵，未几擢大都督府主。"卷四十记载："（皇建二年，1211年）秋七月，齐王遵顼立，改元光定。"由于齐王李彦忠不可能葬于帝陵中，这座陵很可能就是西夏第八代皇帝神宗李遵顼的陵寝。此外，8号陵附近有一座属于它的陪葬墓，在清理这座墓的西碑亭时，出土了汉文残碑，上面有"破会州"的字样。据《金史》记载，西夏在金兴定四年（1220年）秋八月曾经破会州，此时正是李遵顼在位时期。它为判断8号陵主为李遵顼提供了有力的旁证。

1975年发掘的108号墓，是一座较小的陪葬墓，有碑亭1座，其中原有汉文、西夏文碑各1座，出土西夏文碑残石133块、汉文碑残石216块，文字内容比较丰富。对缀合后的碑文进行试译，可以确定墓主为"尚父、太师、尚书令、知枢密院事、六部（监门）、梁国正献王讳安惠"。由于文献记载缺乏，这个正献王的事迹并不清楚，此次通过残存碑文中的有关记载，可以大致了解他的生平事迹，知道他是与乾顺帝母亲梁太后关系密切的重臣，但也可能随着梁太后被毒死而在西夏政治中销声匿迹。通过对碑石的研究考证，可以补充西夏历史中的有关记载。

近年来。在西夏陵区继续进行的发掘中，又出土了大量碑刻残石与碑座等。据 1998 年 86 期《中国文物报》的报道，清理出残碑石块 300 多件，最大的一块上面有 17 个字，有 4 至 5 个字的残石达 60 多件，并且发现碑首有弧形顶与平顶之分，纹饰有云龙纹、忍冬纹等，推测原碑高度可达 3 米[57]。

在福建省泉州市陆续出土的古代宗教石刻，是有关古代宗教与民族状况的重要石刻资料。从中世纪开始，泉州就是中国与海外往来的重要贸易港口，大量外国商人及其他人员在这里居住，进行通商等经济活动。北宋"哲宗元祐二年（1087 年）十月六日，诏泉州增置市舶"。出现了"泉有蕃舶之饶，杂货山积"的景象。到了元代末期，由于战乱造成泉州城市的破坏，明代又有禁止海外贸易的严令，这里的外来民族人口急剧减少，所以在泉州发现的古代石刻主要是宋、元时期的遗存。其中包括各种宗教建筑的装饰石刻、墓碑、墓葬建筑石刻、宗教造像等。根据吴文良《泉州宗教石刻》一书收集的材料分析，这些石刻中包括基督教（景教）、印度教、摩尼教、佛教以及伊斯兰教等各种宗教石刻[58]，尤其以信仰伊斯兰教居民的碑刻为多，说明在中世纪，泉州最多的外来商贾是来自阿拉伯、中亚、波斯等地的穆斯林。他们独特的生活习惯与宗教习俗，给泉州留下了丰富的遗迹。

在泉州发现的伊斯兰石刻主要分为两类，一类是宗教场所的建筑石刻，如艾苏哈卜寺的门楼、围墙、壁龛等处嵌入的大型阿拉伯文石刻，元代纳希德重修寺碑，明代永乐五年（1407年）五月十一日敕谕碑、正德丁卯（1507年）重建清净寺碑等。另一类是墓葬的建筑石刻。大致可以分为四种形式，有墓碑、塔式石墓盖、祭坛式墓葬石刻和拱北（即波斯语圆屋顶意）式陵墓建筑石刻等。

墓葬石刻主要是指墓碑。这些墓碑的形状与中国传统的墓碑外形不同，一般形制比较小，碑石的顶部呈多重弯曲的尖形，很多碑还刻出边缘，上面横向刻写阿拉伯文字铭文，有些附有汉字铭文。铭文内容大多为穆斯林的祈祷语以及死者姓名等。有些铭文包含了重要的信息，如元代至治二年（1322年）七月立石的艾哈玛德墓碑，上面刻有阿拉伯文、波斯文与汉文三种铭文，证明泉州在中世纪已经以"刺桐"闻名，而墓主艾哈玛德这样的外来居民也已经数代居住泉州，与中国人通婚，并且熟悉了汉族的语言文字，接受了中国的风俗习惯。例如在泉州出土的伊斯兰墓碑中一般都不记载死者的年龄与出生时间，说明这是伊斯兰教徒的习惯作法，而这件碑的波斯文碑文中仍详细记载死者的出生年月与卒年，表现出中国汉族文化的碑石特点。由此来看，这一家族受汉族文化的影响是很深的。

塔式墓盖是伊斯兰教徒墓葬的独特石刻形制。它放置在封盖墓穴的石板上，用数方石块或一块完整的大石制成。或者实心，或者镂空，一般分为三至五层，底座较大，向上逐层减小，像等腰梯形的宝塔。各层装饰有纹饰，如莲花、卷云纹、波浪纹、折枝花卉等。底层往往有 6 个座脚，脚之间用卷云纹相连接。顶石的横截面呈半圆形或尖顶，有些在端部刻卷云纹与圆月图案，有些在端部或第三、四层雕刻阿拉伯文字，大多为《古兰经》文。

1998 年，泉州又出土了一批宋元时期的伊斯兰教徒的塔式石墓盖，共 25 座，为有关研究提供了新的材料[59]。

这些伊斯兰石刻上的铭文，对于历史文献是一个重要的补充。通过它们可以了解古代伊斯兰教传入中国的情况以及伊斯兰教徒在泉州生活的历史，了解外国穆斯林在泉州进行的商业活动以及对社会经济、政治与海外交通所起的作用。这些石刻，对于研究伊斯兰教的独特建筑风格，研究元代末期泉州的战乱也有重要的参考价值。此外，在泉州的穆斯林接受中国文化风俗、学习汉文化、与中国人通婚等情况，在石刻中也有所反映。特别是这些碑刻所反映的穆斯林来源，有也门、土耳其斯坦、亚美尼亚、波斯等地，表现了中亚、西亚地区与泉州的密切往来。碑文还说明穆斯林的后裔留居在泉州附近地区，形成了后来的回族。发展至今，还有丁、郭等大姓，作为穆斯林的后代，聚居在晋江县与惠安县境内。

1992 年，湖北省英山县发现了一件墓碑，引起了各界人士的极大关注。这就是被认为是宋代活字印刷术发明人毕昇的墓碑。其影响之大，以至于在 1995 年 12 月由中国新闻出版署与国家文物局联合召开了有关这件碑刻的学术讨论会。

根据报道，这件碑由青石制成，高 1.1 米、宽 0.7 米、厚 0.13～0.15 米。墓碑的中央竖刻两行阳文："故先考毕 昇神主、故先妣李氏妙香，墓。"碑右侧阴刻："□□四年十二月初七日。"碑左阴刻毕昇子孙的名字。碑上方左右的圆中分别刻

"日"、"月"字样。碑额上刻华盖,四周阳刻卷云纹。一些研究者认为,此年号是在农民起义过程中为反对皇权砍凿掉的,凭残留的字迹,应该是北宋的年号"皇祐"。据此推测,这件碑是毕昇客死杭州一年后由其子孙为他在家乡树立的招魂碑。

针对这件墓碑,有人提出了不同看法,认为墓碑中的毕昇并不是发明活字印刷的毕昇。有人根据北京牛街元代阿拉伯人碑与泉州元代阿拉伯人碑,认为这件碑是在元末立的,所以与宋代的毕昇完全无关[60]。

其实从这件墓碑的形制来看,它完全不是宋代的器物,这一点是可以确定的。将它附会为毕升墓碑,反映了文物研究中一种贪图名声而不实事求是的倾向。这是今后需要加以注意的。至于它是否是元代的碑石,现在也没有确切的证据。看来,还需要在当地进行深入的考古发掘后才能进一步研究,得出结论。

林梅村指出,毕昇碑的重要价值在于它是摩尼教徒的墓碑,反映出英山有一个摩尼教徒的墓地,英山可能是摩尼教在中国传播的一个中心。这是有关摩尼教考古的重要发现。其定论源于毕升墓碑的华盖纹饰与"日"、"月"字样[61]。但是这种说法的根据仅仅是碑额上刻有"日"、"月"二字这一点,缺乏旁证,似乎还不足以形成定论。

又据报道,山西原平山郭镇发现过元代至顺三年(1332年)的创建弥陀院碑[62],徐州出土有明代的重建关王庙记碑[63]。本世纪三四十年代,在北京西山坨里一带发现过辽应历十年(960年)三盆山崇圣院碑与元至正二十五年(1365年)十字寺碑等景教寺院碑刻,对于了解当时景教流行的情况具有重要的意义[64]。

在贵州三都水族自治县南周覃镇,最近发现了一件罕见的用古水族文字书写的石碑。这件石碑制作成龛形,上盖为屋檐形,高 0.255 米、宽 0.725 米。碑上竖行刻写水族文字 3 排,共 23 字。据考证,这座碑刻写的时间不晚于清代道光年间[65]。

西藏地区除了著名的传世石刻《唐蕃会盟碑》等,还有一些古代的汉、藏文字石碑在新近的调查中得到公布。如 80 年代在西藏穷结县藏王墓地的调查中,发现了 7 至 8 世纪的 8 座吐蕃王墓。6 号墓的左边有一座石碑,存古藏文 25 行,是吐蕃王赤德松赞的纪功碑。1984 年 9 月又清理出这座碑下的龟趺[66]。

50 年代以来,全国各地进行了大规模的文物普查工作。各地对于碑刻材料都陆续进行了调查统计与保护工作。有些地区的调查取得了重大的成果。尤其是对明清以来的近代碑刻材料的收集工作,是以往从来没有进行过的。像北京市由北京图书馆等单位在 50 年代进行的城市碑刻调查,就访拓碑石 3 万件以上。其中有大量丰富的政治经济资料与宗教材料[67]。江苏、上海等地也曾经普查近代碑刻材料,收集到大量重要的近代工商业历史资料。又如福建鼓山涌泉寺附近的石刻调查、泉州的石刻调查等。直至 60 年代,陕西等地还在调查收集散佚的碑石。如陕西省博物馆等单位在 1969 年后发现与征集到大量反映红巾军、白莲教、太平军等农民起义的碑石,还有记载明代嘉靖年间、清代光绪年间陕西凤翔、华阴、宝鸡一带地震的碑石等。例如记载红巾军作战的元至正二十五年(1365 年)大元歧山周公庙润德泉碑、元至正十四年(1354 年)元牛山土主忠惠王碑，记载当地农民起义的清光绪二十六年（1900年）汉中塔儿巷碑，记载清末教案的光绪三十一年（1905年）李云栋墓碑等[68]。

此外，对于香港地区保存的历代碑铭，主要是近代碑铭，也有人做了搜集与研究介绍[69]。

## （二）有关碑石的主要研究成果

中国古代石刻，由于具有极其丰富的历史文字资料，历来被重视历史研究的儒家学者看作重要的历史文献，加以研究利用。早在西汉时期，司马迁的重要著作《史记》就记录了秦始皇巡游天下时刻写在琅琊、泰山等地的刻石文辞。东汉班固的《汉书·艺文志》中收录了当时的著作《奏事》20篇，注明为"秦时大臣奏事及刻石名山文也"。南朝时期，已经有了大型的石刻集录，如《四库全书总目提要》中引有《碑英》120卷，是梁元帝所集，此书虽早已亡佚，但是仍可说明，早在近2000年前，中国文化界已经有了汇集与研究石刻材料的学术风气。

到了宋代金石学兴起的时候，石刻更是成为主要的金石学研究对象。在金石学中，对于石刻的研究以文字考释、史料校勘与考证为主。它不仅有助于历史研究与儒学文献的考证，而且对学术风气产生了重大的影响。逐渐形成了重考据、重实证的科学严谨的学风。对清代乾嘉学派的产生具有一定的作用。而由金石学中发展出来的古器物研究与近代考古学，则以它们的巨大发现，如甲骨文、敦煌文献、居延汉简等等，从根本上改变了学术界的视野，促进了中国近代学术的彻底更新。

本世纪中，由于新文化、新思潮与新的学术研究方法不断产生，使得以往传统的金石学研究方法得以改变，取得了很多更深入、更有实用价值的研究成果。虽然在前50年中，传统的金石学考据方式还在沿用，如进行文字考释、以史料与石刻材料对照、总结石刻文例等等，但是学术界也逐渐将石刻研究与考古学方法结合起来，开始注意石刻的大环境、出土情况、石刻的形制特点、时代特征、文化特色等等。从而将石刻材料用于史学与考古学研究的新角度、新课题。尤其是随着西方文化的流入，加强了对有关西域、边疆历史与中外交往的石刻材料的研究。这一时期，石刻研究的重点有：石鼓文的考释与研究，汉魏石经的研究，有关中外交通石刻的研究，少数民族石刻的研究以及对辽、西夏、金等少数民族建立的朝代中的石刻材料进行研究等。

作为中国最早的重要石刻之一，石鼓文在宋代就引起了金石学者的注意，但是对它的内容进行深入的考释与讨论，则是本世纪三四十年代兴起的。主要论著有：罗振玉《石鼓文考释》，马叙伦《石鼓文疏记》、《石鼓文为秦文公时物考》[70]，马衡《石鼓为秦刻石考》[71]，张政烺《猎碣考释初稿》[72]，罗君惕《秦刻十碣时代考》，杨寿祺《石鼓时代研究》，郭沫若《石鼓文研究》等。40年代，童书业与唐兰还进行了一系列关于石鼓的讨论。如唐兰《石鼓文刻于秦灵公三年考》、童书业《评唐兰先生"石鼓文刻于秦灵公三年考"》等。这些有关石鼓文的考证文章除考释文字、分析铭文内容之外，主要是对石鼓文的刻写时间加以讨论，提出了多种不同的看法。如马衡、马叙伦、郭沫若等认为石鼓文是春秋时期的刻石文字，提出它刻于秦文公年间、秦穆公年间与秦襄公八年等几种意见。唐兰先认为石鼓刻于秦灵公三年，而后在1958年又修正了自己的观点，提出从铭刻、字形、文字用法与文字发展的过程来看，石鼓文应该是战国时期的刻石文字，结合历史记载，应该判定为秦献公十一年城栎阳时的作品。而郭沫若则坚持认为石鼓是在春秋时秦襄公送周平王东迁以后设立西畤时刻立的。

以上著作中，郭沫若的《石鼓文研究》是最能反映出石鼓文全貌的。该书原作于1936年，1955年重印，1959年出版第3版。每次出版，作者都进行了一些修改。书中附有迄今保存最好的宋拓本"先锋本"、"中权本"、"后劲本"的照片。此外，苏秉琦《石鼓文"鄜"字之商榷》一文则结合考古调查情况对石鼓文中的"鄜"字加以讨论，将这个聚讼不已的字考证为"鄜"，即今富县。开创了将实地考察与文献研究相结合的新方法。

汉魏石经也是本世纪初学术界关注的一个焦点。

首先必须提及王国维所著《魏石经考》一书，它是对汉魏石经进行考证研究的重要著作。书中就魏三体石经的刻制经过、兴废情况、碑数、所刻经文及后代传拓情况等都有过认真的考证。其提出的对石经残石的研究方法基本为后人在研究工作中所遵循。这本书至今还是研究魏三体石经的重要参考文献。此外，马衡的《汉石经集存》是至本世纪50年代止收集汉熹平石经残石最为完备、研究也最为全面的一部专著。它将所存世的汉石经残石拓片分类编排，汇集印制成书，收集的残石达500多件，并对各碑石的大小形制、刻文的内容、经文排列顺序等进行了研究。本世纪初出版的有关汉魏石经的研究著作，还有张国淦的《汉石经碑图》、《历代石经考》，章炳麟的《新出三体石经考》，孙海波的《魏三字石经集录》以及罗振玉影印的《汉熹平石经残字集录》、《魏三字石经尚书残石》等。

汉魏石经的残石在偃师等地出土是本世纪初引人注目的新发现之一，所以，在本世纪前半段，有关汉魏石经的研究文章有数十篇之多。这些论文的研究成果主要是就石经残石中的文字进行考释与补充，对现存的残石进行拼合，试图恢复原有碑石的形制，对原刻石的数量、排列形式、每件碑上刻写的经文内容加以探讨，并且考查石经所用经典的文本情况，进行文字学研究等。主要的论文有：刘节《汉熹平石经周易残字跋》[73]、孙次舟《论魏三体石经古文之来源并及两汉经古写文本的问题》[74]、陈梅庵《三体石经兴废考》[75]、屈万里《汉石经周易为梁丘本考——跋张溥泉先生藏汉熹平石经周易残石》[76]、王献堂《新出汉熹平春秋石经校记》[77]等。特别值得介绍的是马衡《从实验上窥见汉石经之一斑》一文[78]。文中将所见到的汉石经拓本进行互校，考订文字，并且与文献传本加以对照，进而推导出经文文本的流传变化过程，提出了汉石经《周易》依据的文本是京氏易，指出汉石经与现行各文本文字不同之处大多为采用同音假借字所造成。这些重要的观点与他采用的研究方法至今仍对汉石经的研究具有指导意义。后人有关汉石经的研究基本上是在马衡等人研究的基础上继续发展的。80年代，范邦瑾对上海博物馆收藏的两块从未著录过的《熹平石经·诗》残石进行了校释与缀接。这两块残石是目前所发现的《熹平石经》残石中较大的两块，对于《诗经》的研究具有重要的价值，为其版本研究提供了一批新的实物资料。更重要的是，它们是比较罕见的同时具有阳、阴两面的残石，因此对汉石经的复原工作具有重要的意义[79]。同样具有阳、阴两面的另两块《熹平石经·周易》残石，也具有复原此件碑石的意义。范邦瑾对它进行了复原，指出这件《周易》碑原宽应该是0.94米，高约1.96米，刻写经文38行[80]。许景元对洛阳出土的《熹平石经·尚书》残石也做了复原，考订其原石为0.88米宽、1.76米高[81]。由此表现出《熹平石经》的选材标准并不十分严格，各碑大小略有不同，刻字的行数也略有增减。

同时，对于蜀石经、宋石经等官方刻经，也有一些著录与研究文章，如罗振玉影印的《蜀石经春秋谷梁传残石》、《北宋二体石经宋拓残本》，张崟《旧杭州府学南宋石经考》[82]，马衡《宋范祖禹古文孝经石刻校释》[83]等。

对于洛阳等地出土的一些重要的汉魏碑刻，如袁敞碑、王基碑等，也有一些专门的研究文章。例如马衡《汉司空袁敞碑跋》[84]、黄明兰《曹魏东武侯王基墓碑考释》[85]、赵荣珦、赵君平《三国魏东武侯王基墓碑新探》[86]等。30年代出土的晋《三临辟雍碑》曾经轰动一时，对它也有深入的研究。如顾廷龙《大晋龙兴皇帝三临辟雍皇太子又再莅之盛德隆熙之颂跋》[87]、余嘉锡《晋辟雍碑考证》[88]等，代表了当时的研究水平。

由于学术界研究的视野放宽，边疆地区与海外有关中国古代文化的石刻材料便成为本世纪初学者重视的研究课题。如王树枏《新疆访古录》、罗振玉《西陲石刻录》、《海外贞珉录》、《三韩冢墓遗文目录》等专门著录都是记载边疆地区以及海外石刻材料的。而后，学术界研究的热点又集中到近代介绍的一些重要材料上，如涉及到民族与地方政权的高句丽好大王碑、突厥阙特勤碑等突厥文字碑、唐蕃会盟碑、辽陵石刻等契丹文字碑、金代的女真文字碑以及其他少数民族文字碑刻；涉及到外来宗教的大唐景教流行中国碑、开封有关犹太教的碑刻、泉州宗教石刻等。

有关这些碑石的主要研究与介绍著作有：郑文焯《高丽国永乐好大王碑释文纂考》、王健群《好大王碑研究》、韩儒林《突厥文阙特勤碑译注》、王静如《突厥文回纥英武威远毗加可汗碑释》、冯承钧《景教碑考》、《元代白话碑》和陈垣《景教流行中国碑考》等。它们都从文字释读、翻译、历史研究以及有关碑石情况的介绍等方面对有关碑石进行了深入探讨，提出了大量有意义的见解。有些出版较晚的著作，如《好大王碑研究》还汇集了前人的各种研究成果，具有参考价值。

70年代以来，对于景教、摩尼教等宗教的研究又有所加强。如：温玉成《龙门天竺寺与摩尼教》一文认为洛阳龙门寺沟发现的"龙门山天竺寺修殿记"是我国惟一的摩尼教文物[89]。而后，林悟殊在《龙门天竺寺非摩尼教寺辨》一文中对温玉成文中的四点理由逐一反驳，结合摩尼教来华的发展过程、佛教与摩尼教的不同，指出天竺寺修殿记碑不是摩尼教文物[90]。吴幼雄《福建泉州发现的也里可温（景教）碑》一文对泉州地区有代表性的景教徒墓碑的形制、纹饰、内容作了研究，指出元代泉州的景教徒为数众多，其中有汪古部人、回鹘人等，还指出在中国流传的景教受到佛教的很大影响[91]。

散见于各种学术刊物、报纸上的专题研究文章数量更大，探讨的问题更广泛。例如：吴其昌《汉敦煌太守裴岑破北匈奴纪功碑跋尾》[92]和《汉龟兹左将军刘平国东乌累关城制亭诵跋尾》[93]两篇文章，是较早注意新疆的汉代碑刻并进行有关历史考证的作品。文章结合铭文，对汉代北匈奴的活动情况和汉王朝攻击匈奴的政策作了分析。80年代，马雍又在亲自考察实物的基础上，对新疆的汉、唐石刻进行了深入研究。在他的《新疆巴里坤、哈密汉唐石刻丛考》[94]、《"汉龟兹左将军刘平国作亭诵"集释考订》[95]等文章中，将东汉永元五年（93年）任尚碑、永和二年（137年）裴岑碑、永和五年碑和汉龟兹左将军刘平国作亭诵等东汉石刻予以文字考证与历史研究，纠正了前人认识不清的地方，并且结合碑石，对东汉时期北匈奴与汉朝的战争情况作了详细的讨论。马雍还就东汉中平二年曹全碑中有关汉军攻击西域疏勒国的战役情况作了研究。指出国外认为东汉中期以后贵霜王国扩张到葱岭以东，汉朝对西域失去控制的说法是错误的。东汉王朝对西域的统治一直维持到灵帝时期[96]。

类似讨论西北汉碑资料的还有黄文弼《拜城博者克拉格沟摩崖》[97]、冯国瑞《乐都新发现东汉灵帝光和三年护羌校尉赵宽碑考证》[98]、王献堂《新出汉三老赵宽碑考释》[99]等。黄文弼《亦都护高昌王世勋碑复原并校记》将原存甘肃武威的重要碑石"亦都护高昌王世勋碑"所存的半段拓片加以介绍，并且结合《道园学古录》、乾隆《武威县志》记载的碑文对该碑铭文作了全面校勘。特别对碑文记载的回鹘人的民族起源问题作了深入分析，补充了历史记载[100]。

高句丽好大王碑在清代末年被发现后，引起国内外的关注。刘节《好大王碑考释》是国内较早对这件碑刻进行综合介绍、注释碑文，并加以研究考证的长篇论文。文章考证了高句丽的历史地理情况。但是他对于碑文记载的地名、族名多采用音韵通假去拟定，以致造成不少误解与附会之处[101]。近年来，又有很多就好大王碑进行深入探讨的论文，如；王健群《好大王碑文中"倭"的实体》[102]，王仲殊《关于好太王碑文辛卯年条的释读》、《再论好太王碑文辛卯年条的释读》[103]，耿铁华《好太王碑"辛卯年"句考释》[104]，以及综合介绍国内外对好大王碑研究情况的《高句丽好太王碑研究史概述》[105]等。这些研究的重点大多集中在有关"倭"与高句丽交战关系及倭在当时朝鲜半岛的实际地位等问题上。

释持（沈曾植）的《和林三唐碑跋》[106]是最早为突厥文碑作跋，开研究古代北方民族史风气的论文。根据文章记载，1893年时俄国使臣喀西尼送来在《蒙古图志》上刊登的阙特勤碑、苾伽可汗碑、唐□姓回鹘爱登里罗汩没密施合毗伽可汗圣文神武碑这三件突厥贵族碑石的影印本，请求翻译考释，中国学界了解到这些碑的情况。本文就是据此结合唐代文献进行的历史考证。以后，又有王国维对这些碑的考跋与黄仲琴《阙特勤碑》、《再谈阙特勤碑》[107]，岑仲勉《跋突厥文阙特勤碑》[108]，韩儒林《突厥文苾伽可汗碑译释》[109]和《边陲石刻跋文译丛》[110]等论文发表。韩儒林是从德文的译本转译出阙特勤碑、苾伽可汗碑与暾欲谷碑的铭文。岑仲勉则是由英文转译的。同时，上述论文也对这些突厥文碑的内容进行注释，对涉及的史实以及当时唐朝与突厥的关系等问题进行了深入研究。岑仲勉的《突厥集史》中也收入这些铭文并加以讨论。以后国内出版的多种有关突厥历史的著作都涉及到了这批突厥碑铭。

最近，由于一批通晓外语与古代中亚文字的青年学者的崛起，使有关中亚古代文字资料的释读出现了新的局面，芮传明《古突厥碑铭研究》一书就集中体现了这一方面的成果[111]。该书在全面掌握国外学者对突厥碑铭研究成果的基础上，结合中国古代文献记载，深入进行历史地理的考察，系统地研究了现存的五件突厥碑铭。书中对碑铭内容涉及的后突厥政权早期根据地，后突厥的"东征"、"西征"，后突厥征伐黠嘎斯的行军路线，后突厥与突骑施交战的地点，远征 kacin 的事件，以及碑文中出现的坐骑、族名、官号与称衔等问题进行了综合考证，更正了不少国外学者的结论。书中综合以前各家学者的研究成果与自己见解所做的碑文释文，可以说是迄今为止国内最全面、最详细的具有注释的释文。对于这些突厥碑铭与突厥历史的研究极富价值。

本世纪初，在新疆吐鲁番阿斯塔那地区曾经发现了一件高昌国时期的重要碑刻——"麴斌造寺碑"。该碑现已不存，估计是在 1928 年至 1944 年间遗失的。马雍就此碑所反映的高昌国土地问题进行了深入探讨。这座碑是麴斌为建造寺院捐助功德的记录，包含了丰富的史料。内容涉及政治、经济、军事、文化与宗教等方面。碑文记载了八项产业，其中有七项是地产。马雍指出，对这些田地名称的记载（如"部田"等）表明，高昌国实行过"均田制"。"部田"即相当于北魏均田制的"倍田"。高昌的均田制应该是受北魏的影响。北周继续实行均田制，将"桑田"改称"永业田"以后，高昌国的土地名称中也出现了"永业"的名词。这一切，表现出高昌土地制度一直受到中原土地制度的影响，与中原土地制度保持着基本同步的发展。此外，碑文还反映了高昌完善的土地灌溉系统与灌溉管理制度[112]。

对于保存在西藏拉萨，作为汉族与吐蕃关系重要见证的著名碑刻唐蕃会盟碑，主要有姚薇元《唐蕃会盟碑跋》[113]与张政烺《跋唐蕃会盟碑》[114]等论文。他们对碑文作了注释与补正，并且考证了有关当时的吐蕃疆界等问题。张政烺的文章还探讨了吐蕃与中国先秦时期文献中记载的"百濮"的关系,认为中国古代所称的"濮"就是"蕃"。

对于在中原发现的碑刻,大多结合历史文献记载进行了考证。这些考证往往有助于有关历史状况的了解与研究。例如在陕西府谷发现的宋代边防重将折继闵的神道碑,所作考证对于了解折氏的世系,掌握折继闵抵抗西夏进攻的战绩以及考察宋朝与西夏政权的关系等问题都有所帮助。戴应新《北宋"折继闵神道碑"疏证》一文通过考证,指出折氏为党项族后裔,世代居住在陕西北部,效忠宋室,作为宋朝的西北屏障。折继闵勇于用兵,多次参战,他的活动反映了当时宋与西夏之间频繁的战争状况。如碑文中记载的康定元年(1040年)西夏元昊进攻延州、泾州一带,折继闵出兵攻入西夏境内,庆历元年(1041年)折继闵与西夏军队在横阳川激战,夏人败北,同年八月,夏军进犯,折继闵坚守府州等战事,对于历史记载是重要的补充与证明[115]。

辽、金、西夏、元以及其他少数民族政权时期的石刻材料,尤其是用这些少数民族语言文字书写的碑刻,成为本世纪有关这一时期历史、考古与民族研究的重要课题。对于本世纪初在东北地区发现的辽契丹文、金女真文碑刻的研究更为深入。早期的主要论文有:王静如《辽道宗及宣懿皇后契丹国字哀册初释》[116]、励鼎奎《热河契丹国书碑考》[117]、谢国桢《记辽陵石刻及其他关于讨论辽陵之文字》[118]、罗福成《宴台金源国书碑考》[119]、王静如《宴台女真文进士题名碑初释》[120]、徐炳昶《校金完颜希尹神道碑书后》[121]、刘师陆《女真字碑考》与《女真字碑续考》[122]等。这些文章对辽陵出土的契丹文墓志、开封保存的女真小字碑刻等进行了契丹文、女真文的文字释读，并且考证了有关的历史情况。董万仑的《黑龙江流域岩画碑刻研究》一书将黑龙江省内的历代石刻材料，包括岩画、碑、墓志、摩崖等加以收集并作了考证。其中提及的双城子突厥文残碑、辽大安七年残碑与女真文摩崖等都是可贵的历史资料[123]。关于出土辽、金墓志的研究，主要在下文有关墓志的章节中介绍，这里就不多提及了。

50 年代以来，又有汇集元代皇帝诏书等白话文碑刻的专著《元代白话碑集录》[124]与佟柱臣《成吉思皇帝赐丘处机圣旨石刻考》[125]、王勤金《元"江淮营田提举司钱粮碑"》[126]、刘凤翥《全辽文中部分碑刻校勘》[127]、毕素娟《从出土碑刻和文字资料看辽讳》[128]、李逸友《元丰州甸城道路碑笺记》[129]等研究元代石刻的文章。佟柱臣《成吉思皇帝赐丘处机圣旨石刻考》一文将蒙古建国初期的史料加以整理，并且对成吉思汗与丘处机的关系、丘处机对西北历史地理研究的贡献等问题进行了深入考证。

除去泉州等南方地区的伊斯兰碑刻以外，原在河北定县清真寺的元至正八年（1348 年）重建礼拜寺记碑是国内罕见的伊斯兰教寺院碑刻。原石现已亡佚，孙贯文《重建礼拜寺记碑跋》一文中，就北京大学收藏的原碑拓片对这件重要碑刻的内容进行了考证。对碑中提及的有关伊斯兰教文化特征，如"回回人遍天下"、"寺无像设"、"天方国"、"阴阳星历与医药音乐"等问题作了广泛深入的研究[130]。有关伊斯兰宗教碑刻的研究，还有姜纬堂《北京牛街礼拜寺阿拉伯文墓碑来历质疑》。文中指出现在北京牛街礼拜寺中的阿拉伯文墓碑是后世移入寺中的，现在寺中的筛海坟也是后世仿造，从而认为历来把牛街礼拜寺确定为宋代或元代初期建造的说法是错误的[131]。而刘盛林《牛街礼拜寺的筛海坟及阿文墓碑无可置疑》则对上述观点加以反驳，从筛海坟的形制、阿拉伯文碑的形制、有关文献记载与风俗习惯等方面论证这些墓碑等是寺中的原物[132]。

70 年代中，由于唐山等地大地震，引起各界对历史上的地震情况及有关研究的重视。文物考古界由于专业所在，配合形势，对历史上有关地震的碑刻记录进行了重点调查。例如河南省对于有关地震的历史碑刻题记就作了全面的考察，摘辑了有关资料，以供人们研究历史上有过的地震情况[133]。四川自1974 年以来，对西昌与西昌附近发生过的三次大地震进行调查，收集了一批有关地震的碑刻、家谱等文字资料。其中，尤以碑刻材料记载详细丰富，为研究当时历次地震的时间、震中、破坏范围等提供了重要的证据[134]。当地还将收集到的一批碑刻集中，建造了"地震碑林"。

值得一提的是，在本世纪中收集著录古代碑刻的工作始终在认真进行，从以往重点的石刻所在地区到以往很少有石刻介绍的偏远民族地区，都有大量文物工作者在踏踏实实地进行石刻的调查与收集工作，出版了大量古代碑刻的图录与录文汇编，为有关研究提供了比较全面的资料。这里有按地区收集的汇编，也有按时代编辑的著录，有收录上万件石刻的比较丰富的大型图录，也有仅收集一个博物馆几十件藏品的小型著录。例如本世纪初出版的《昭陵碑录》、《唐三家碑录》、《西陲石刻录》、《海外贞珉录》、《汉晋石刻墨影》、《汉熹平石经残字集录》、《孟蜀石经》等。又如 50 年代以来出版的《江苏省明清碑刻资料选》、《广西少数民族地区石刻碑文集》、《北京图书馆藏中国历代石刻拓片汇编》、《房山石经题记汇编》、《道教金石略》、《山东秦汉碑刻》、《泉州伊斯兰教石刻》、《云南古代石刻丛考》、《汉碑集释》、《四川历代碑刻》、《高陵碑石》、《辽代石刻文编》、《山西碑碣》、《咸阳碑石》、《安康碑石》、《昭陵碑石》、《汉中碑石》、《楼观台道教碑石》、《安康碑版勾沉》、《华山碑石》、《重阳宫道教碑石》、《大理古碑存文录》、《青海金石录》、《半山石志》、《巴蜀道教碑文集成》、《黄河金石录》、《大足石刻文录》、《宜州碑刻集》、《潮汕金石文征》、《福建宗教碑铭汇编（兴化府分册）》等。连少数民族文字的碑刻也有专门的调查收集，如贵州毕节地区编辑的《彝文金石图录》，就收录了明清时期用彝文刻写的石碑 60 余件，又如《吐蕃金石录》、《西夏陵墓出土残碑粹编》等。

　　特别值得提及的是山西省运城地区编辑的《三晋石刻总目（运城地区卷）》，这是国内第一部一个地区现存石刻的全面目录。它详细记录了运城地区现存石刻的名目、制作时代与所在地，共 2100 余件。还附有该地区在以前金石书中有所记载而现在已经亡佚的石刻名目，二者共达 4266 条。我们曾经多次提出，鉴于当前古代石刻日渐损坏、风化的严重形势，编辑全国石刻目录是一项极为重要又十分迫切的任务，它对于石刻的保护与研究具有无法替代的重要价值。虽然各地都或多或少地汇集了一些石刻目录，但是像《三晋石刻总目（运城地区卷）》这样全面详细的地区性目录还是很少见的。如果这样的工作能够在全国开展起来，最终形成一部中国石刻总目，那么必将会对中国古代石刻的保护与研究产生重大的影响。

　　虽然这些著录尚不能全面反映出中国古代石刻的面貌，但是它们的问世，已经极大地有利于研究者了解石刻材料，有助于中国古代石刻全貌的彻底揭示。

　　当然，与现有的大量石刻资料相比，有关研究工作还显得十分不足。首先，需要将全国现存的石刻材料进行全面完整的搜集、整理与汇编工作。迄今为止，虽然各地以及一些专门石刻门类有了一些汇编与目录、图录等问世。但是它们还显得零散，不够完善，也不成系统，还有大量工作需要完成。有关的研究也需要继续深入与普遍化。对大多数石刻尚未做过深入细致的研究考证。至于综合性的研究，进行得更为不足。这都需要有更多的人力、物力投入。希望学术界与有关管理部门能对此予以更多的关注。

## 注　释

[1] 田野：《魏三体石经在长安出土》，《文物参考资料》1957 年第 9 期。

[2] 许景元：《新出熹平石经〈尚书〉残石考略》，《考古学报》1981 年第 2 期。

[3] 见中国社会科学院考古研究所洛阳工作队：《汉魏洛阳故城太学遗址新出土的汉石经残石》，《考古》1982 年第 4 期；王竹林等：《洛阳近年出土的汉石经》，《中原文物》1988 年第 2 期。

[4] 黄士斌：《河南偃师县发现汉代买田约束石券》，《文物》1982 年第 12 期。

[5] 郑杰祥：《南阳出土的东汉张景造土牛碑》，《文物》1963 年第 11 期。

[6] 河南省偃师县文物管理委员会：《偃师县南蔡庄乡汉肥致墓发掘简报》，《文物》1992 年第 9 期。

[7] 北京市文物工作队：《北京西郊发现汉代石阙清理简报》，《文物》1964 年第 11 期。

[8] 天津市文物管理处考古队：《武清东汉鲜于璜墓》，《考古学报》1982 年第 3 期。

[9] 谢雁翔：《四川郫县犀浦出土的东汉残碑》，《文物》1974 年第 4 期。

[10] 吉木布初、关荣华：《四川昭觉县发现东汉石表和石阙残石》，《考古》1987 年第 5 期。

[11] 《汉王舍人碑》，齐鲁书社，1986 年。

[12] 山西省考古研究所：《山西碑碣》，山西人民出版社，1997 年。

[13] 魏坚：《内蒙古中南部汉代墓葬》，中国大百科出版社，1998 年。

［14］ 徐向哲：《河南古代石刻文献概述》，《中国文物报》1999 年 10 月 13 日 80 期。

［15］ 岑斋：《石刻杂谈》，《文物》1959 年第 8 期。

［16］ 孙太和：《新发现的汉延光四年刻石》，《文物》1957 年第 9 期。

［17］ 刘习祥、张英昭：《博爱县出土的晋代石柱》，《中原文物》1981 年第 1 期。

［18］ 《东魏义桥石像碑》，《中国文物报》1992 年 41 期。

［19］ 马骥：《西安新出柳书"唐回元观钟楼铭"碑》，《文博》1987 年第 5 期。

［20］ 保全：《唐重修内侍省碑出土记》，《考古与文物》1983 年第 4 期。

［21］ 秦珠：《长安发现唐智该法师碑》，《考古与文物》1985 年第 4 期。

［22］ 董国柱：《陕西高陵县耿镇出土唐〈东渭桥记〉残碑》，《考古与文物》1984 年第 4 期。

［23］ 昭陵博物馆 张沛：《昭陵碑石》，三秦出版社，1993 年。

［24］ 同注［23］。

［25］ 同注［23］。

［26］ 陕西省法门寺考古队：《扶风法门寺塔唐代地宫发掘简报》，《文物》1988 年第 10 期。

［27］ 侯若冰、窦智礼：《法门寺塔地宫发现的"支提之塔"铭》，《文博》1989 年第 6 期。

［28］ 韩金科、王均显：《新发现唐法门寺住持惠恭禅师大德之碑》，《文博》1991 年第 4 期。

［29］ 阎万章：《渤海"贞惠公主墓碑"的研究》，《考古学报》1956 年第 2 期。

［30］ 临潼县博物馆：《临潼唐庆山寺舍利塔基精室清理记》，《文博》1985 年第 5 期。

［31］ 洛阳市第二文物工作队李献奇、郭引强：《洛阳新获墓志》，文物出版社，1996 年。

［32］ 宫崇涛：《嵩阳书院大唐碑》，《中国文物报》1994 年 5 月 22 日。

［33］ 李献奇：《洛阳伊川县出土的唐代墓志和神道碑》，《中原文物》1994 年第 3 期。

［34］ 崔耕：《唐"秦王告少林寺教书碑"考》，《中原文物》1983 年第 3 期。

［35］ 王雪宝：《少林寺新发现的几件石刻》，《中原文物》1981 年第 2 期。

［36］ 张沛：《唐临川公主墓出土的两通诏书刻石——兼谈唐代前期的诏书形成过程》，《文博》1994 年第 5 期。

［37］ 陕西省耀县药王山博物馆等：《北朝佛道造像碑精选》，天津古籍出版社，

1996 年。

[38] 赵康民：《陕西临潼的北朝造像碑》，《文物》1985 年第 4 期。

[39] 常叙政、李少南：《山东省博兴县出土一批北朝造像》，《文物》1983 年第 7 期。

[40] 张燕、赵景普：《陕西省长武县出土一批佛教造像碑》，《文物》1987 年第 3 期。

[41] 靳之林：《延安地区发现一批佛教造像碑》，《考古与文物》1984 年第 5 期。

[42] 周到：《河南襄县出土的三块北齐造像碑》，《文物》1963 年第 10 期。

[43] 河南省地方志编辑委员会：《河南省志·文物志》，河南人民出版社，1998 年。

[44] 山西省考古研究所：《山西碑碣》，山西省人民出版社，1997 年。

[45] 释持：《和林三唐碑跋》，《亚洲学术杂志》第 2 期，1921 年；黄仲琴：《阙特勤碑》，《中山大学语言历史学研究所周刊》第 100 期，1929 年；韩儒林：《突厥文芘伽可汗碑译释》，《禹贡》第 6 卷第 6 期，1936 年。

[46] 张政烺：《跋唐蕃会盟碑》，《文物》1959 年第 7 期，等。

[47] 安金槐：《记开封新收集的北宋石经》，《文物》1962 年第 10 期。

[48] 张子英：《河南开封陈留发现北宋二体石经一件》，《文物》1985 年第 1 期。

[49] 戴应新：《北宋"折继闵神道碑"疏证》，《中国考古学会第一届年会论文集》，文物出版社，1980 年。

[50] 陈洪生：《巨野发现宋代石碑》，《中国文物报》1998 年第 47 期。

[51] 葛国庆：《绍兴再次发现宋六陵帝王陵碑》，《中国文物报》1998 年第 71 期。

[52] 孙以刚：《德兴发现北宋炼铜家张潜碑》，《中国文物报》1996 年第 32 期。

[53] 王大方：《千年前的草原交通规则》，《中国文物报》1998 年第 91 期。

[54] 巴林左旗文化馆：《辽上京发现辽代鲜演墓碑》，朱子方：《关于辽代鲜演大师的几个问题》，《辽海文物学刊》1987 年第 1 期。

[55] 吉林省文物考古研究所：《吉林省近十年的文物考古工作》，《文物考古工作十年》，文物出版社，1990 年。

[56] 宁夏博物馆 李范文：《西夏陵墓出土残碑粹编》，文物出版社，1984 年。

[57] 沈自龙：《西夏陵考古又获重要成果》，《中国文物报》1998 年第 86 期。

[58] 吴文良：《泉州宗教石刻》，科学出版社，1957 年。

[59] 林德民：《泉州出土大批宋元伊斯兰教塔式石墓盖》，《中国文物报》1998 年第 82 期。

[60] 张秀民：《英山发现的是活字发明家毕昇的墓碑吗?》，《中国印刷》1993 年

第 2 期；任昉：《对英山毕昇墓碑的再商榷》，《中国印刷》1994 年第 2 期，《再谈"毕昇碑"的宗教色彩》，《出版科学》1995 年第 3 期。

[61] 林梅村：《英山毕昇碑与淮南摩尼教》，《北京大学学报〈哲学社会科学版〉》1997 年第 2 期。

[62] 同注 [44]。

[63] 梁勇：《徐州发现明代关王庙遗址》，《中国文物报》1998 年第 45 期。

[64] 曾毅公：《北京石刻中所保存的重要史料》，《文物》1959 年第 9 期。

[65] 焦斌：《三都发现古水族文字墓碑》，《中国文物报》1993 年第 9 期。

[66] 西藏文管会文物普查队：《赤德松赞墓碑清理简报》，《文物》1985 年第 9 期。

[67] 同注 [64]。

[68] 陕西碑石调查组：《一批反映阶级斗争和生产斗争的碑石》，《文物》1972 年第 7 期。

[69] 吴伦霓霞：《香港碑铭的搜集与初步研究》，《地方史资料研究论文集》。

[70] 马叙伦：《石鼓文为秦文公时物考》，《北平图书馆馆刊》第 7 卷第 2 期，1933 年。

[71] 马衡：《石鼓为秦刻石考》，《国学季刊》1923 年第 1 期。

[72] 张政烺：《猎碣考释》，《史学论丛》1934 年第 7 期。

[73] 刘节：《汉熹平经周易残字跋》，《燕京学报》第 11 期，1932 年。

[74] 孙次舟：《论魏三体石经古文之来源并及两汉经古文写本的问题》，《齐鲁大学国学季刊》第 1 卷第 1 期，1940 年。

[75] 陈梅庵：《三体石经兴废考》，《课艺汇选》第 2 期。

[76] 屈万里：《汉石经周易为梁丘本考——跋张溥泉先生藏汉熹平石经周易残石》，《中央图书馆馆刊》复刊第 1 期，1947 年。

[77] 王献堂：《新出汉熹平春秋石经校记》，《说文月刊》1942 年第 3 期。

[78] 马衡：《从实验上窥见汉石经之一斑》，《庆祝蔡元培先生六十五岁论文集（上）》，1933 年。

[79] 范邦瑾：《两件未见著录的〈熹平石经·诗〉残石的校释及缀接》，《文物》1986 年第 5 期。

[80] 范邦瑾：《熹平石经的尺寸及刻字行数补证》，《文物》1988 年第 1 期。

[81] 许景元：《新出熹平石经〈尚书〉残石考略》，《考古学报》1981 年第 2 期。

[82] 张崟：《旧杭州府学南宋石经考》，《浙江图书馆馆刊》第 4 卷第 1 期，1935 年。

[83] 马衡：《宋范祖禹古文孝经石刻校释》，《中央研究院历史语言研究所集刊》

第 20 期下册。

[84] 马衡：《汉司空袁敞碑跋》，《北京大学国学门周刊》第 1 卷 2 期。

[85] 黄明兰：《曹魏东武侯王基墓碑考释》，《中原文物》1981 年特刊。

[86] 赵荣珦、赵君平：《三国魏东武侯王基碑新探》，《河洛春秋》1988 年第 1 期。

[87] 顾廷龙：《大晋龙兴皇帝三临辟雍皇太子又再莅之盛德隆熙之颂跋》，《燕京学报》第 10 期，1931 年 12 月。

[88] 余嘉锡：《晋辟雍碑考证》，《辅仁学志》第 3 卷 1 期，1932 年 1 月。

[89] 温玉成：《龙门天竺寺与摩尼教》，《中原文物》1985 年第 4 期。

[90] 林悟殊：《龙门天竺寺非摩尼教寺辨》，《中原文物》1986 年第 2 期。

[91] 吴幼雄：《福建泉州发现的也里可温（景教）碑》，《考古》1988 年第 11 期。

[92] 吴其昌：《汉敦煌太守裴岑破北匈奴纪功碑跋尾》，《国学季刊》第 2 卷第 2 期，1929 年。

[93] 吴其昌：《汉龟兹左将军刘平国东乌累关城制亭诵跋尾》，《清华周刊》第 37 卷第 4 期，1932 年。

[94] 马雍：《新疆巴里坤、哈密汉唐石刻丛考》，《出土文献研究》，文物出版社，1985 年。

[95] 马雍：《"汉龟兹左将军刘平国作亭诵"集释考订》，《文物集刊》第 2 辑，1980 年。

[96] 马雍：《东汉"曹全碑"中有关西域的重要材料》，《文史》第 12 辑，中华书局，1981 年。

[97] 黄文弼：《拜城博者克拉格沟摩崖》，《女师大学术季刊》第 1 卷第 4 期，1930 年。

[98] 冯国瑞：《乐都新发现东汉灵帝光和三年护羌校尉赵宽碑考证》，《西北论衡》第 10 卷第 7 期，1942 年。

[99] 王献堂：《新出汉三老赵宽碑考释》，《说文月刊》第 3 卷第 10 期，1943 年。

[100] 黄文弼：《亦都护高昌王世勋碑复原并校记》，《文物》1964 年第 2 期。

[101] 刘节：《好大王碑考释》，《国学论丛》1929 年第 8 期。

[102] 王健群：《好大王碑文中"倭"的实体》，《博物馆研究》1985 年第 3 期。

[103] 王仲殊：《关于好太王碑文辛卯年条的释读》，《考古》1990 年第 11 期；《再论好太王碑文辛卯年条的释读》，《考古》1991 年第 12 期。

[104] 耿铁华：《好太王碑"辛卯年"句考释》，《考古与文物》1992 年第 4 期。

[105] 徐建新：《高句丽好太王碑研究史概述》，《世界史研究动态》1993 年第 10 期。

[106] 释持（沈曾植）：《和林三唐碑跋》，《亚洲学术杂志》第 2 期，1921 年。

[107] 黄仲琴：《阙特勤碑》，《中山大学语言历史学研究所周刊》第 100 期；《再谈阙特勤碑》，《中山大学语言历史学研究所周刊》第 102 期。

[108] 岑仲勉：《跋突厥文阙特勤碑》，《辅仁学志》第 6 卷第 1、2 期，1937 年。

[109] 韩儒林：《突厥文苾伽可汗碑译释》，《禹贡》第 6 卷第 6 期，1936 年。

[110] 韩儒林：《边陲石刻跋文译丛》，《边政公论》第 1 期，1942 年。

[111] 芮传明：《古突厥碑铭研究》，上海古籍出版社，1998 年。

[112] 马雍：《麹斌造寺碑所反映的高昌土地问题》，《文物》1976 年第 12 期。

[113] 姚薇元：《唐蕃会盟碑跋》，《燕京学报》第 15 期，1934 年。

[114] 同注［46］。

[115] 同注［49］。

[116] 王静如：《辽道宗及宣懿皇后契丹国字哀册初释》，《中央研究院历史语言研究所集刊》第 3 卷第 4 期，1933 年。

[117] 励鼎奎：《热河契丹国书碑考》，《国学季刊》第 3 卷第 4 期，1932 年。

[118] 谢国桢：《记辽陵石刻及其他关于讨论辽陵之文字》，《图书季刊》第 2 卷第 3 期，1935 年。

[119] 罗福成：《宴台金源国书碑考》，《国学季刊》第 1 卷第 4 期，1923 年。

[120] 王静如：《宴台女真文进士题名碑初释》，《史学集刊》1937 年第 3 期。

[121] 徐炳昶：《校金完颜希尹神道碑书后》，《史学集刊》1936 年第 1 期。

[122] 刘师陆：《女真字碑考》、《女真字碑续考》，《考古社刊》1936 年第 5 期。

[123] 董万仑：《黑龙江流域岩画碑刻研究》，黑龙江教育出版社，1998 年。

[124] 蔡美彪：《元代白话碑集录》，科学出版社，1955 年。

[125] 佟柱臣：《成吉思皇帝赐丘处机圣旨石刻考》，《文物》1986 年第 5 期。

[126] 王勤金：《元"江淮营田提举司钱粮碑"》，《考古》1987 年第 7 期。

[127] 刘凤翥：《全辽文中部分碑刻校勘》，《黑龙江文物丛刊》1983 年第 2 期。

[128] 毕素娟：《从出土碑刻和文字资料看辽讳》，《文史》第 22 辑。

[129] 李逸友：《元丰州甸城道路碑笺记》，《元史论丛》第 2 辑。

[130] 孙贯文：《重建礼拜寺记碑跋》，《文物》1959 年第 8 期。

[131] 姜纬堂：《北京牛街礼拜寺阿拉伯文墓碑来历质疑》，《文物》1987 年第 11 期。

[132] 刘盛林：《牛街礼拜寺的筛海坟及阿文墓碑无可置疑》，《文物》1988 年第 10 期。

[133] 洛阳地区文管会：《豫西地震碑碣调查记要》，《河南文博通讯》1980 年第 1

期；河南省文物研究所：《河南历史地震碑刻题记调查》，《文物资料丛刊》第 5 期。

[134] 四川省博物馆：《四川文物考古三十年》，《文物考古工作三十年》，文物出版社，1979 年。

二 出土墓志

# （一）20世纪中古代墓志的重要发现

墓志是20世纪中国文物考古发现中数量较大的文物文字资料，在现存的古代石刻中占有较大的比重。有关它的介绍与研究成果是近代文物考古研究工作中的重要收获之一。出土的历代墓志近来也越来越受到人们的重视。因此，需要以较多的篇幅将有关墓志的发现与研究情况加以说明。

就现有古代金石著录情况所见，国内正式注意到古代墓志的史料价值与文物价值，开始大量收藏以及考释研究，还是自清代初期才开始的。例如乾隆年间郑杰所著《唐陈观察墓志考》、梁玉绳所著《志铭广例》，嘉庆年间李富孙所著《汉魏六朝墓志金石例》、洪颐煊所著《平津馆读碑续记》，道光年间毕沅著《关中金石记》等，都是以墓志的收集与研究考证为主的金石著录。但是那时所能见到的材料很少，仅局限于传世的一些比较著名的墓志，所以，当时墓志在整个石刻范围内只是很小的一部分。

中国学术界在清代末年开始注重北朝墓志的出土与研究。自康有为提倡书法学习北碑以来，这种对北朝石刻的喜好更加普及，甚至影响到海外，造成洛阳等地大肆盗掘北朝墓葬，从而出土了一些重要的北朝墓志。如宣统元年（1909年），山东沂水出土了北齐武平二年（571年）十月十日逢哲墓志；宣统二年（1910年），河南洛阳张羊村西北出土了北魏延昌三年（514年）十一月四日元飏墓志等等[1]。

从清代末年到本世纪30年代，南北朝墓志，尤其是北朝墓志的出土达到了一个高潮。主要的出土地点有曾为北魏首都的河南洛阳地区，曾为东魏与北齐首都的河北邺城地区，以及西魏首都陕西长安附近。出土墓志多为这些朝代皇族戚属与贵族官员墓葬中的陪葬品。这一阶段墓志的大量出土，与外国收藏者大肆购买中国古代艺术品，从而刺激了盗掘古墓的不良风气有密切关系。由于以前无人过问的三彩器、陶俑、镇墓兽等文物受到外国人的青睐，价格飞涨，造成洛阳、关中等地民间大量盗掘古墓，大批南北朝隋唐时期的墓志随之出土。这些石刻由于具有丰富的历史资料，马上受到了国内学者与文人收藏家的重视。部分极为精美的墓志甚至被日本等国文物商抢购而去。国内的著名收藏家如罗振玉、缪荃荪、关葆益、董康、李盛铎、于右任、徐森玉、李根源等人，均从事收集墓志，他们所收集的墓志都是这时出土的。柯昌泗《语石异同评》卷四记录30年代各家收藏北朝墓志的情况是：

"开封图书馆就近访求唐志，约二百余石，魏志亦仅有六石耳。精品时多散在四方。元显儁石式最奇，吴兴徐森玉丈（鸿宝）以谂北京教育部出重资购置天安门上历史博物馆。馆中寻又得元羽、于景二石。鄞县马君叔平又为北京大学购得穆绍一石。私家之藏，以阳湖董授经丈（康）诵芬室，德化李椒微丈（盛铎）木犀斋，暨徐氏所得最多。既而武进陶兰泉观察（湘）亦事购藏，董氏之石，旋让与之。""其他若腾冲李印泉省长藏寇臻、王绍、寇演、寇凭、寇洽、陆绍六石。罗师（按即罗振玉）藏周安、耿媸、元彦、尼统慈庆四石。天津徐弢斋总统（按即徐世昌）藏元鸾、元绪、北海王妃李氏、元维四石。南海陈氏藏石夫人、元诠、元倪三石。萧山张岱杉（弧）藏元暐、元旰二石。鄞县马氏藏冯迎男、元遒二石。番禺叶誉虎（恭绰）藏元始和一石。会稽周养庵（肇祥）藏元毓一石。山阴张政和（允中）藏元华光一石。义州李小石（放）藏元演一石。通州张仲郊（文祁）藏元昭一石。"

"近年固始许光宇（霁祥）收拾藏弃，得元则、元宥二石。"

关于邺城地区出土的东魏北齐墓志收藏情况，柯昌泗记载道：

"癸丑二月，南海邓秋枚（实）方设神州国光社于上海，闻安阳古肆中陈有新出志石，亟如邺，购得元赟、元贤、赵道德诸石。同时所出张满、侯海、徐之才、萧正表、邢夫人五石，先为磁人购留藏于劝学所，其后又藏元鸷夫妇、梁伽耶三石。""设古迹保存所于邺，志石出土，即购置所中，不令远售。凡得元湛夫妇、元显、元均、叔孙固、东安王太妃陆氏、任城王太妃冯氏、穆子岩，窦泰夫妇、石信十石。""初惟元宝建归顾鼎梅，元悰归周养庵，魏天念归李小石，魏僧勖归方药雨，司马遵业归南海姚铭清（礼成），乐陵王百年夫妇归罗师，高建夫妇归陶兰泉，崔宣华归徐森玉。""磁县后出高湝、暴诞二石，尚归公有。""余在旧京，见志石自邺中来者，若东魏间伯升夫妇、元子邃夫人李氏、宗欣、李挺、齐襄乐王妃敬氏、崔茂、元子邃、刘悦、胡公夫人李氏、徐彻、薛广。惟间元两夫妇李挺等五石为徐森玉购得，其余皆不知所在。而后魏李遵一石，尤为邺中志石之冠。"

关于北周墓志的出土情况，他记载道：

"北周志石出土亦常在洛邺两地，洛有韩木兰、寇胤哲、梁嗣鼎，皆于氏藏。寇峤夫人薛氏，罗师藏。邺有张君夫人郝氏、安定□安宵，皆天津王氏藏。齐扶风公主，长白心畲王孙（溥儒）藏。""山西□□出北周李义确（按当为李义雄），河南修武出北周马龟，县公款局藏。陕西长安出北周何□宗，县人段氏藏。"

柯氏所叙及的以上各件在本世纪初出土的墓志，问世后均又经过频繁的转手收藏、播迁流传，后来的收藏处及现存与否有些已很难查考。其中有些经倒卖流往国外，如徐法智墓志被日人江藤氏购去，冯邕妻元氏墓志流入美国波士顿博物馆等；有些毁于战火灾祸，如李璧墓志、高湛墓志等；有些在辗转之中下落不明。国内幸存下来的志石，现在主要保存在中国历史博物馆、西安碑林博物馆、洛阳新安千唐志斋博物馆、洛阳关林古代艺术博物馆、开封博物馆、辽宁博物馆等各地博物馆中。这些志石除了博物馆多年收藏的珍品以外，主要是于右任、罗振玉等人的收藏所得。如现藏陕西省碑林博物馆的于右任《鸳鸯七志斋藏志》，计汉代石刻 6 种、晋墓石刻 4 种、北魏墓志 136 种、东魏墓志 7 种、北齐墓志 8 种、北周墓志 5 种；此外还有隋唐以下的墓志 150 种，其中绝大多数出土于河南洛阳附近。它们大部分保存良好，铭文中记载大量重要的史料。遗憾的是由于多为盗掘所得，加上旧金石学研究范围上的缺陷，仅偏重于文字，造成大量墓志的志盖残缺，而且缺乏原志石出土地点与出土情况的科学记载，给全面研究造成了一定困难。就赵万里《汉魏南北朝墓志集释》所收集的南北朝墓志拓片情况统计，现可见到的传世南北朝墓志共约400件。其中有些原石已遗失不存。另外一些原石与拓片都不存在，仅在以往的金石著录中有所记载的墓志，没有被收入该书。所以，这个数字只是本世纪前期出土的南北朝墓志数量的一个大概的参考。

隋唐墓志是中国古代石刻材料中保存数量比较大的一个部分。对于隋唐时期出土墓志的著录，基本上是在清代中期以来才开始进行的。

清代末期，尤其是本世纪初，山西、河南、湖北、江苏等地陆续出土了大量隋唐墓志。清末学者叶昌炽在他的著名著作《语石》中提到："有唐一代墓志，余先后收得三百余通，其所不知及知而未能得者，尚不知凡几也。"可见当时隋唐墓志已经大量出土流散。由于隋唐墓志相对不大受人们重视，收藏者也较少。所以，直至民国初年，还出现"洛下所出唐石无人过问者，积至千百"的现象。

清代末年至民国初期，罗振玉为隋唐墓志的收集整理做了大量工作，他以在北京古董店购到的墓志拓片为基础，四处访求，并曾亲自到河南一带访拓。而后将自己收藏的拓片一一加以录文，陆续编辑成书，刊刻出版。有关著录有：《芒洛冢墓遗文》、《襄阳冢墓遗文》、《山左冢墓遗文》、《邺下冢墓遗文》、《广陵冢墓遗文》、《吴中冢墓遗文》、《高昌砖录》等墓志录文集。这些著录收集了洛阳、襄阳、陕西、邺城、扬州等地的出土墓志，其中主要部分是隋唐时期的墓志。此外，他还编辑了《蒿里遗文目录》、《蒿里遗文目录续补》、《墓志征存目录》等，于墓志收集整理建功最著。他未完成，后由其子罗福颐整理成书的《墓志征存目录》一书共收入隋代墓志目录202件，唐代墓志目录3083件。可见当时所能了解到的隋唐墓志数量是多么巨大了。有人估计，清末以来仅洛阳邙山一带出土的隋唐墓志就有四五千件之多，其中相当一部分未能得到很好的保存。这一数字虽然限于历史条件，并不准确，但已经可以反映隋唐时期使用墓志的盛况。

这些隋唐墓志多属于盗掘得来，出土后未能得到很好的收藏保护，很多遭到流失、毁坏的命运。当时，河南洛阳一带出土的墓志，除了洛阳存古阁与河南省建设厅有所收集以外，没有官方或博物馆进行有目的的收藏。河南省建设厅所收集的墓志，后来移交给河南省博物馆，解放后河南省博物馆从开封迁到郑州，将这些墓志留给开封市博物馆，收藏数量约800件左右。此外，各地出土的大量隋唐墓志主要靠一些私人收藏家的保护，才得以保存下来一大部分。

在保存隋唐墓志的著名收藏家中，首先要提到的是张钫先生的《千唐志斋藏石》与于右任先生的《鸳鸯七志斋藏石》。

张钫先生在30年代曾经担任河南省建设厅长、国民革命军第二十路军总指挥、河南省政府代理主席等职务。在此期间，他通过洛阳古物商郭玉堂等人收集在洛阳等地出土的墓志，并且以唐代墓志为主。他酷爱金石碑刻，在这方面受到与他友谊笃深的于右任的很大影响。于右任学识渊博，早就致力于收集碑刻墓志，对北朝墓志特别喜爱。据说他与张钫之间形成一个默契，新发现的北朝石刻墓志优先供给于右任购买，而唐代墓志则优先供给张钫购买。所以，张钫得以全力广泛搜集唐代墓志，近五年间，便收集到一千多件墓志。其中大部分是洛阳一带的出土品，也有一些是辗转从湖北、安徽、山西、江苏、山东等地购买回来的。这样，张钫便成为当时收藏唐代墓志最多的主要收藏家。为了更好地保存这批墓志，张钫于1935年在河南新安铁门镇自己家中兴建了一座具有豫西地方建筑风格的砖券窑院，将所收集的墓志分排嵌在三个长方形天井院中以及十五孔窑洞的内外墙壁上。命名为《千唐志斋》，请著名学者章炳麟题写斋名。根据现在的统计，加上张钫在《千唐志斋》落成后收集到的部分墓志，总计有1360件，其中西晋1件、北魏3件、隋代2件、唐代1209件、五代22件、宋代85件、明代31件、清代1件、民国6件。此外，《千唐志斋》的第15孔窑洞中，还嵌有张钫收藏的宋代米芾行书对联、明代董其昌行书的《典论·论文》、清代王弘撰与王铎的草书、郑板桥的书画以及康有为、章炳麟、李根源等人的书迹。

《千唐志斋》的收藏，广泛而且精到，为我国保存了一批重要的唐代文物。这种将墓志嵌入墙壁的作法避免了墓志的流失，防止了风雨侵蚀，对于墓志的保存有一定好处。不足之处是当时只重视墓志铭文，没有将志盖与墓志本身一一对照嵌存，使得一些没有嵌入墙壁的志盖后来遗失不存；而且将墓志嵌入墙中，使志侧的花纹无法看到，造成这方面的资料无法使用。

于右任先生的《鸳鸯七志斋》，主要收集北朝石刻墓志，但是也有一批重要的唐代墓志入藏。根据现在收藏于右任先生藏石的陕西西安碑林博物馆统计，《鸳鸯七志斋》收藏有150件唐代墓志。其中不乏重要的历史资料。

此外，收藏唐代墓志较多的还有李根源先生。他的《曲石精庐》收藏的唐代墓志也有93件之多。现在这些墓志大多由苏州石刻博物馆收藏。

在谈到唐代墓志的传世情况时，我们还应该提及本世纪初以来在新疆吐鲁番等地出土的高昌国与唐代高昌郡的墓志情况。

对于宋代以下的各朝代的墓志，以前的研究与收集比较少。本世纪前半段比较重要的发现中，以辽庆陵等地的辽代契丹文帝王哀册、墓志的发现最引人注目。1922 年，曾经在位于今内蒙古自治区巴林右旗瓦里乌拉山下的辽庆陵内出土了辽清宁元年（1055 年）兴宗皇帝哀册文与大康二年（1076 年）仁懿皇后哀册文。1930 年，又在庆陵区域内的道宗陵中出土了契丹小字乾统元年（1101 年）道宗皇帝哀册文与宣懿皇后哀册文以及两件汉字哀册。这些材料，对于释读契丹文字是极其宝贵的参考文献。

1949 年以后，考古工作纳入了科学的轨道。这以后出土的南北朝墓志，基本上是通过正式考古发掘得到的，具有完整的发掘记录。这对于深入全面地研究这一时期的墓志制度具有重要的意义。

以下就其中的主要发现略作介绍。

东晋与南朝的墓志材料一向比较罕见，有人曾经归结于南方土质具腐蚀性，使石志的铭文漫漶。从近代考古发掘的情况来看，确实存在着这种情况，如南京出土的一些南朝石志上已经漫漶得相当严重。但是也有其他的原因，如可能由于历代破坏古墓比较严重，出土的石刻被改作他用，使得保存下来的墓志较少。从现存墓志情况来看，虽然南方出土的墓志不是很多，但使用墓志的人物身份差距比较大，从梁桂阳王萧融这样的王侯一直到东晋刘剋（图八）这样的普通士人。发现墓志的地域也比较广泛，除作为统治中心的江苏南京一带以外，还在武汉等地发现了南朝的墓志。可见南朝使用墓志的习俗还是比较普遍的。北方官员大量使用墓志以及墓志形制的定型，应该都是受到南方的文化影响。

原来传世的几件南朝墓志都是皇族的用品。近40年来，在南京等地陆续发现了一批东晋与南朝士人的墓志。东晋的墓志以砖刻为主，也有长方形的小型石刻。如：

1958年在江苏南京老虎山发掘的东晋永和元年（345年）九月颜谦妻刘氏墓志[2]，1964年在南京中华门外戚家山发掘的东晋太宁元年（323年）十一月二十八日（卒）谢鲲墓志[3]。1965年在南京新民门外人台山发掘的东晋永和四年（348年）十月二十二日王兴之及妻宋和之墓志是用砖制成的。墓志正面是在咸康七年七月二十六日刻写的王兴之墓志（图九），背面是在宋和之合葬时重刻的合葬墓志。表现了这种再次打开墓室合葬的葬俗[4]。在距王兴之墓不远的象山发掘了王兴之的亲属们的几座墓葬，出土有东晋升平二年（358年）三月九日（卒）

图八　东晋刘剋墓志

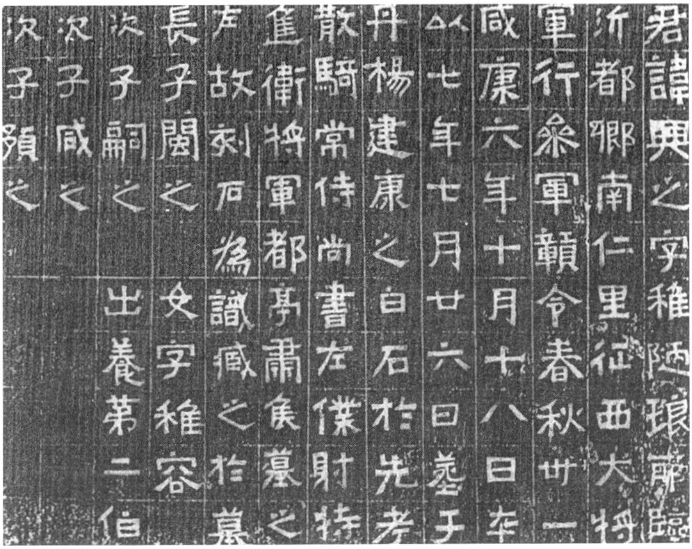

图九 东晋王兴之墓志

王闽之墓志、升平三年（359年）九月三十日王丹虎墓志、太元十七年（392年）正月二十二（卒）王彬继妻夏金虎墓志等[5]。王彬是南迁的中原大姓人士，《晋书》中有传记。琅珊王氏在东晋朝廷中占有重要地位，丞相王导是王彬的堂兄，著名书法家王羲之就是王彬的侄子。王兴之为王彬之子，王丹虎为王彬之长女，而王闽之则为王兴之长子。这一系列王氏墓志的出土，揭示了一个东晋的大族墓地，对于了解东晋的丧葬习俗与北方世族的土断情况具有参考价值。1986年，南京司家山又出土了另一支大族谢氏的几座墓葬，如东晋义熙三年（407年）卒的谢球墓志。谢球是丞相谢安的后人[6]。同时还出土了义熙十二年（416年）卒的谢球妻王德光墓志。王德光是王羲之的孙女。在江苏溧阳果园发掘出东晋太元二十一年（396 年）谢琰及妻王氏墓志。谢琰任溧阳令、驸马都尉，王氏是东晋皇室外戚王蒙的女儿[7]。1979 年，在江苏吴县张陵山还出土了一件东晋太宁三年（325 年）张镇墓志[8]。

南朝的墓志同样主要在南京附近出土。1972 年，南京太平门外尧晨果木场发掘出刘宋元徽三年（475 年）十一月明昙憘墓志[9]。此外，南朝的其他重要地区，如武昌，也有墓志发现。1956 年，湖北武昌周家大湾曾经出土南齐永明三年（485 年）十一月刘觊墓志。刘觊终官为刘宋武陵王前参军[10]。1969 年，江苏句容袁巷出土了南齐永明五年（487 年）九月二十四日刘岱墓志[11]。从铭文看，刘岱也是南迁的官宦世家，大约从其曾祖刘爽任山阴令起就在这里定居。刘岱也做过山阴令，于监余杭县时"终于县解（廨）"。

从南京地区存留下来的六朝帝王陵墓遗址可以看到当时陵墓的宏伟壮观的石刻，如石辟邪、天禄、神道柱、碑等。而从出土情况与礼制要求来看，在王侯一级的地下墓室中则应该使用大型石墓志陪葬。1980 年，南京太平门外的石油化工厂附近出土了两方梁朝王侯墓志：天监元年（502 年）十一月一日萧融墓志与天监十三年（514 年）十一月十日萧融太妃王慕韶墓志[12]。萧融是梁武帝的弟弟，南齐时曾任太子洗马，不拜，后与长兄尚书令萧懿同时被齐东昏侯杀害。梁武帝即位后，赠抚军大将军，封为桂阳郡王。墓志为当时著名文臣任昉所作。王慕韶为萧融的妻子，也是东晋丞相王导的七世孙女。由此可见王谢等世族大姓的势力影响在南朝延续了相当长的历史时期。结合以前的传世藏品梁普通元年（520 年）十一月二十八日永阳王萧敷墓志与普通元年十一月二十八日永阳王太妃王氏墓志等形制严谨、文字精美的石刻来看，起码在梁代，王侯们在墓中有大型墓志陪葬，并就墓志的使用具有一定的礼仪制度规定。希望今后能有更多的出土发现来证实这种制度。

南京地区在六朝数百年间一直是南方的首都，附近埋葬的贵族官员极多。随着考古工作的不断深入，这里还应该有更多的南朝墓志出土。70年代以来，南京还发现了一些大型墓志，可惜由于漫漶严重，文字内容无法释读。如在燕子矶出土的普通二年（521年）八月七日（卒）某君墓志、在周家山农场发掘的某君墓志等。它们的长、宽尺寸都在1米左右，铭文可达2000至3000字，应该是地位很高的人物的墓志。一件普通二年墓志上，还可以看出"辅国将军"、"曾祖谟，魏尚书左丞、司徒左长史、冀州[下残]"、"祖[  ]冀州刺史"、"父斌，本州别驾"等字样[13]。南京雨花区西善桥镇出土的一件陈黄法氍墓志，保存有较重要的史料[14]。这些墓志可能对我们正确认识南朝使用墓志的情况有所帮助。

下面主要看一看北朝墓志的出土情况：

在河北南部古邺城附近的大量北朝墓中，出土了相当数量的北朝豪门望族人士墓志，其年代包括北魏孝昌、武泰、正光，东魏天平、元象、兴和、武定，北齐天统、天保、大宁、武平，北周大象等。这些墓志反映了当时这一地区世族大姓林立的现象，为研究北朝地域政治、民族关系等重要问题提供了可贵的资料。

1949年以来，这里较早清理出的墓志有北魏正光二年（521年）十月三十日封魔奴墓志、东魏兴和三年（541年）十月二十三日封延之墓志、北齐河清四年（565年）二月七日封子绘墓志以及隋开皇三年（583年）二月十五日封子绘妻王氏墓志、开皇九年（589年）二月二十六日封延之妻崔长晖墓志，另外还收集到一件魏故郡君祖氏墓志盖。这些都是在清理河北景县县城东南的封氏家族墓地时出土的。该墓地旧称"十八乱冢"，1948年曾被挖掘过，出土了300余件器物。1955年北京历史博物馆在此进行调查，收集到以上墓志。以后，河北等地文博单位又陆续进行过调查。据调查，出土墓志的墓葬均为砖室墓，石质墓志安放在墓中死者的头前。出土的随葬品很考究，墓葬规格比较高，墓中出土的青瓷尊、玻璃碗等，都是具有重要研究价值的珍贵文物[15]。这一墓群的性质，由于这批墓志的发现而得到确认，从而为研究北朝大族墓葬提供了有价值的资料。1966年，这里还出土了北周大象元年（579年）封孝琰墓志[16]。

在吴桥小马厂，出土了东魏兴和三年（541年）十月二十三日封柔妻毕修密墓志与武定四年（546年）二月十一日封柔墓志[17]。景县大高乐村出土了东魏天平四年（537年）高雅墓志[18]。无极史村出土了正光六年（525年）正月二十七日祔葬的甄凯墓志[19]。平山县上三汲发现了北齐天统二年（566年）二月十四日崔昂墓志与其前妻卢修娥墓志，还有隋开皇八年（588年）十一月八日崔昂后妻郑仲华墓志[20]。赞皇南邢郭发现东魏武定二年（544年）十一月李希宗墓志、武平七年（576年）十一月李希宗妻崔氏墓志和李希礼墓志。据介绍，赞皇高邑里村、前坊栅等地还发现了北齐信州刺史李稚廉墓志，以及魏殷州别驾李静、司空李玄、赵郡功曹李带、赵郡太守李林等李氏家族成员的墓葬[21]。磁县滏阳村簸箕冢在1953年就曾出土东魏兴和三年（541年）十一月十七日改葬的司马兴龙墓志[22]，磁县东陈村发掘的北齐墓中出土了天统三年（567年）二月尧峻墓志、尧峻妻吐谷浑静媚墓志与武平二年（571年）十月二十二日尧峻妻独孤思男墓志[23]。尧峻是《魏书》中有传记的北魏相州刺史尧暄的孙子，曾任怀州刺史。尧峻的妻子吐谷浑静媚，为吐谷浑第九代君主吐谷浑阿柴之后。阿柴死后，群子争立，吐谷浑静媚的曾祖父吐谷浑头颓（墓志中作头）失利，投奔东魏，被授汶山公。后代与东魏、北齐的各族官员相互联姻。而尧峻的另一个妻子独孤思男则是匈奴之后。这些墓志对于了解当时北方民族的文化融合情况具有重要的意义。磁县东南大冢营村发掘的东魏茹茹公主墓是北朝考古的重要发现。墓中出土的一盒武定八年（550年）五月十三日高湛妻茹茹公主闾氏墓志标明了墓主的重要身份，为解释墓中的大量壁画内容提供了背景，也对确定墓葬随葬品的等级，为北朝墓葬分期断代提供了明确的时间证据[24]。1970年，磁县东小屋还出土了东魏天平三年（536年）八月四日北魏昌乐王元诞墓志[25]。上文介绍的李希宗孙女李尼墓志在磁县出土，这件埋设于北齐武平元年（570年）五月三十日的北齐愍悼王妃墓志规格较高，边长达74.5厘米，可能是其夫原为太子，后降为济南王的缘故[26]。临城西镇村西北的北齐墓群中出土了一批李氏墓志，有武平五年（574年）十二月十日李祖牧墓志与其妻宋氏墓志。李祖牧是北齐大鸿胪卿、赵州刺史。另外一座墓中出土了武平五年（574年）十二月十日李君颖墓志。李君颖任开府长史，是李祖牧的三儿子[27]。

　　山西省大同市附近，是北魏早期的都城平城所在。近年来这里出土了一些重要的墓志，如1965年在大同石家寨发掘的太和八年（484年）十一月十六日司马金龙墓表与延兴四年

（474 年）十一月二十七日司马金龙妻姬辰墓志[28]。1981 年在大同小站村花圪塔台发掘的北魏正始元年（504 年）四月封和突墓志[29]。70 年代初，在大同小南头村出土了延昌三年（514 年）十月二十二日高琨墓志，距此不远的东王庄出土了永平元年（508 年）十一月十五日元淑墓志[30]。1973 年山西祁县白圭镇出土的东魏天统三年（567 年）正月十三日韩裔墓志，墓主韩裔曾任青州刺史，其父司空韩贤，子韩风，在《北齐书》中均有传记记载[31]。

太原附近，也是东魏、北齐重要官员的墓葬所在。1979 年在太原南郊王郭村发掘的北齐丞相娄睿墓，是十分重要的北朝墓葬。墓中的 240 余平方米精彩壁画是古代美术史上的珍贵宝物。而墓中出土的武平元年（570 年）五月八日娄睿墓志为该墓及墓中壁画提供了确切的时代证据[32]。研究者曾根据娄睿的身份与他和朝廷的密切关系（娄睿是北齐神武帝高欢妻子神明皇后的侄子），推测这些壁画是当时朝廷专用的著名画师所作。1975 年，太原南郊东太堡砖场出土了北魏神龟三年（520 年）四月二十八日辛祥墓志与永平三年（510 年）十二月十七日辛祥妻李庆容墓志。辛祥祖父辛绍先在《魏书》中有传记[33]。1973 年，这里还曾经发现过一座北朝墓葬，但是已经被破坏殆尽，仅存墓志残石两块，原为一方墓志，保留有拓片。根据拓片可知原墓志是北魏正光三年（522 年）十一月十七日胡显明墓志。胡氏为东安太守辛凤麟的妻子。郑村出土有天保七年（556 年）十二月三日□子辉墓志，墓主曾任直荡大都督、白水县开国男[34]。在神堂沟的一座土洞墓中发现了北齐皇建元年（560 年）十一月二十六日贺娄悦墓志。贺娄悦生前的官职是卫大将军、直荡正都督、礼丰县开国子[35]。除去这些重要官员的墓志以外，太原圹坡还出土了天保十年（559年）十一月十九日张肃俗墓志等平民的墓志[36]。而附近的寿阳县贾家庄，1973年发掘了北齐定州刺史太尉顺阳王库狄迴洛的墓葬，出土了河清元年（562年）八月十二日库狄迴洛墓志与同时合葬的库狄迴洛妻斛律夫人墓志，以及天保十年（559年）五月十七日葬的其妾尉氏墓志[37]。

晋南的裴姓世族，在北朝与隋唐时期是著名的大姓，人物众多。近年在山西襄汾曾经出土东魏天平二年（535年）十一月六日裴良墓志。裴良曾任御史中丞、太府卿[38]。运城地区也出土过北齐武平二年（571年）二月六日裴子诞墓志及裴子诞葬于隋代的两个弟弟裴子通、裴子休的墓志[39]。此外，1987年，永济县蒲州镇伭家庄村南还出土了北魏正光五年（524年）十月二十日赵猛墓志[40]。

山东出土的北朝墓志主要是当地的一些高级官员以及世族大姓的葬志。如1969年在山东德州出土的北魏神龟二年（519年）二月二十日高道悦墓志。墓主高道悦是太子中庶子，被赠位营州刺史，由于当时高姓的族望在渤海郡条县，所以归葬在山东原条县所在[41]。1983年在临淄大武乡窝托村发掘的北魏延昌元年（512年）十一月二十八日崔猷墓志、孝昌二年（526年）九月十七日崔鸿墓志、东魏天平四年（537年）二月十九日崔鹍墓志、同年二月崔鸿妻张玉怜墓志、元象元年（538年）十一月五日崔混墓志、北齐天统元年（565年）十月四日崔德墓志、武平四年（573年）十月十日崔博墓志等，是在北朝乃至隋唐时期具有相当影响的北方世族大姓崔氏一个重要宗支的家族墓地中出土的[42]。崔鸿是《十六国春秋》的作者，任青州刺史。1964年在山东新泰宫里镇出土了北魏熙平元年（516年）二月十二日羊祉墓志与孝昌元年（525年）八月羊祉妻崔氏墓志[43]。1985年在山东东陵杨家乡史家村出土了北齐天统元年（565年）十月一日刁翔墓志。刁翔也是渤海当地大姓，本州主簿[44]。1982年在山东淄博淄川区二里乡石门村出土的北魏永熙三年（534年）二月十日傅竖眼墓志，墓主傅竖眼在《魏书》有传，任职都督相州诸军、车骑大将军[45]。1965年，济南圣佛寺院村发掘了东魏天平五年（538年）正月一日邓恭伯妻崔令姿墓志。崔氏是崔琰之后，也是崔姓的重要宗支[46]。在临朐冶泉发掘的东魏威武将军行台府长史崔芬墓中出土了北齐天保二年（551年）崔芬墓志[47]。1972年在山东高唐城关发掘的东魏兴和三年（541年）房悦墓志，墓主房悦任济州刺史[48]。1977年在山东历城后周村出土的北齐武平七年（576年）正月十四日赵奉伯妻宜阳国太妃傅华墓志与赵奉伯墓志盖，墓主赵奉伯任齐州刺史。在寿光县发掘的北魏孝昌元年（525年）十一月贾思伯墓志，墓主贾思伯任殿中尚书、安东将军、青州大中正等职，可以与现存孔庙的传世碑刻贾使君碑互相对证。同时出土有东魏武定二年（544年）十一月二十九日贾夫人刘氏墓志[49]。

除此之外，也有一些平民使用墓志，但他们可能也是地方上有势力的大姓子弟。济南八里洼小区出土的北齐武平五年（574年）正月十二日故处士陈□墓志就是一例[50]。该墓志采用小碑型，碑首雕刻双龙图案，额题："陈三墓铭。"这种形式在北齐比较罕见。又据山东省文物考古研究所《前进中的十年》一文介绍："在济南八里洼清理了3座石室墓。1986年清理的两墓为陈三、陈苏父子墓。陈苏墓出土一批生动的泥俑。1987年在前两墓附近又清理一墓，墓中大批彩绘陶俑形象生动，颇具艺术价值。从残存的壁画看，题材亦似'竹林七贤'，与崔芬墓略同。这里似为陈氏家茔。"[51]以上二者所说的陈三墓应当是同一处墓葬。这些墓葬的材料现存山东省文物考古研究所与济南市博物馆。

河南是北魏墓志的主要出土地。虽然洛阳邙山一带的大量北魏墓葬早已遭到盗掘，但是近几十年来还有零散出土发现。1946 年，河南孟津官庄村东小冢出土了神龟二年（519 年）文昭皇太后高氏墓志[52]。1956 年，洛阳西车站发掘了正始三年（506 年）十一月二十九日寇猛墓志。寇猛官职为步兵校尉、千牛备身、武卫将军、燕州大中正、平北将军、燕州刺史。根据《魏书》本传的记载，寇猛是北魏宣武帝的宠臣，千牛备身、武卫将军等职是其实任，燕州刺史等地方官职是死后的赠官[53]。1979 年，河南孟县斗鸡台发掘了永平四年（511 年）二月十八日司马悦墓志（图一〇）。司马悦是上述在山西大同出土的司马金龙墓志（图一一）中记载的司马金龙次子，任征虏大将军、豫州刺史[54]。1965 年，河南洛阳盘龙冢村发掘出武泰元年（528 年）七月五日元邵墓志。元邵是北魏皇室、孝文帝孙，在尔朱荣屠杀元魏大臣时被杀[55]。洛阳孟津出土过正光五年（524 年）四月二十九日侯掌墓志[56]。侯掌是从幽燕一带来到洛阳的中正、奉朝请、燕州治中从事史。1989 年冬季，洛阳孟津北陈村发掘的一座土洞墓中出土了太昌元年（532 年）十一月二十五日王温墓志。王温曾任使持节、抚军将军、瀛州刺史[57]。偃师县杏园村发掘了四座北魏墓葬，其中一座单室砖券墓中出土有熙平元年（516 年）三月十七日元睿墓志。元睿为洛州刺史[58]。

北魏分裂成东魏、西魏后，东魏（以后是北齐）的统治中

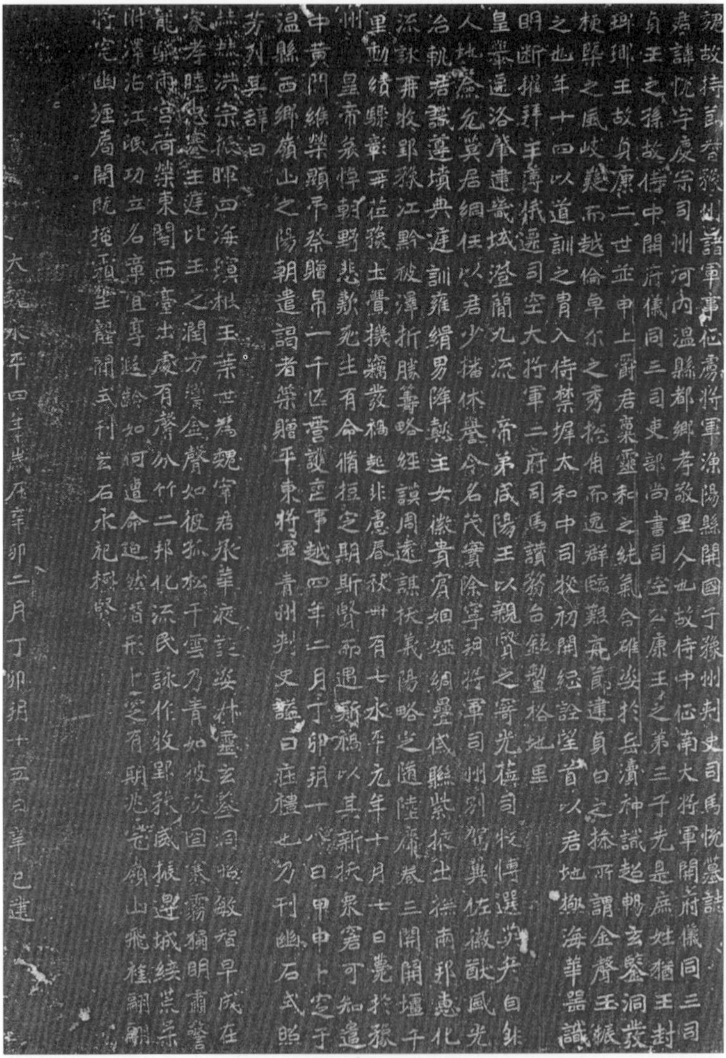

图一〇　北魏司马悦墓志

图一一 北魏司马金龙墓表

心移到邺城、晋阳一线。接近邺城的河南安阳一带也有较多的贵族官员居住，近年这里出土了不少北齐墓志，如 1956 年安阳琪村出土了郑平墓志。郑平为魏镇远将军，卒于河清四年（565 年），隋开皇十六年（596 年）与其妻于氏合葬[59]。1975 年安阳张家村出土了武平四年（573 年）八月二十八日和绍隆墓志与其妻元华墓志。和绍隆官至北齐使持节、都督东徐州诸军事、骠骑大将军、东徐州刺史[60]。1971年安阳洪河屯发掘了武平六年（575年）五月一日范粹墓志。范粹为骠骑大将军、开府仪同三司、凉州刺史[61]。同年安阳水冶镇清峪村发掘出武平七年（576年）八月二十六日高洋妃颜氏墨书墓志砖1件[62]。

最近，在安阳县安丰乡西高穴村发现的后赵建武十一年（345年）十一月太仆卿驸马都尉鲁潜墓志，是十分罕见的十六国墓志。志中记录墓地的具体所在，涉及到了魏武帝曹操的陵寝位置，颇具考古价值[63]。

此外，河南濮阳这河砦村曾经出土了武平七年（576年）十一月十日李云墓志与卒于武定七年四月十一日的李云妻郑氏墓志。李云官至北齐车骑大将军、银青光禄大夫、济南郡太守、顿丘男[64]。

陕西关中地区历来是中华文化的一个中心，虽然在魏晋南北朝时期它的地位有所削弱，但仍然有一定的大姓势力存在，如华阴的杨氏。西魏与北周时期，这里又作为政治中心，聚集了一批官员贵族，他们定居在关中，死后也埋葬在这里，其礼仪制度与埋葬习俗仍然沿袭北魏的程式，从而也有一定数量的墓志出土。近年在陕西华阴五方村及潼关等地发掘的杨氏族葬墓地，出土了一批北朝的杨氏人物墓志，对了解这一地区的大姓世族生活状况有重要的参考价值。

这批墓志有：在华阴五方村出土的北魏永平四年（511年）十一月十七日杨阿难墓志、杨颖墓志，熙平元年（516年）九月二日杨播墓志，在华阴县南孟塬迪家出土的北魏熙平三年（518年）二月杨泰墓志，西魏大统十七年（551年）三月二十八日杨泰妻元氏墓志；在潼关管南出土的北魏神龟二年（519年）七月二十九日杨胤季女墓志等[65]。

1953年，陕西咸阳底张湾北原出土了一件谯国夫人步六孤氏墓志，她卒于北周建德元年（572年）七月九日，这件墓志应该是北周的作品。在咸阳，1986年至1990年清理了一批北周墓，出土了9件贵族官员及其配偶的墓志。其中有出土于咸阳市渭城区渭城乡坡刘村的北周保定四年（564年）三月二十六日拓跋虎墓志。拓跋虎为北周骠骑大将军、开府仪同三司、大都督、云宁县开国公。他曾从征洛阳，攻克江陵，多次立下战功。北周建德四年（575年）三月五日叱罗协墓志出土于咸阳北斗乡蕲里村东，出自一座规模较大的长斜坡形墓道土洞墓中，地面上原有高达20余米的封土冢。墓志的规格也较高，制作精美，边长73.3厘米。叱罗协为北周开国元勋，《周书》中有传记，墓志记载：他官至柱国大将军、治中外府长史、治司会、总六府。虽然由于受宇文护的牵连被免职，但后来又被任命为车骑大将军、仪同三司、屯田总监，死后被追赠使持节、骠骑大将军、开府仪同三司、大都督、浙洛丰三州诸军事、三州刺史、荆州南阳郡开国公。在咸阳底张湾发掘出的北周建德五年（576年）十月二十七日王德衡墓志（图一二），记载王德衡为使持节、仪同大将军、新市县开国侯。1988年，在该墓附近发掘了其父王士良墓，出土了北周保定五年（565年）十一月五日王士良妻董氏墓志与隋开皇三年十一月十四日王士良墓志。王士良在《周书》及《北史》中有传记，原仕北齐，官至豫州刺史，北周兵围豫州时投降，被授予使持节、大都督、广昌郡开国公、少司徒、并州刺史等，至隋代开皇三年才去世。1988年，在王德衡墓东南约500米处还发掘了若干

图一二　北周王德衡墓志

云墓，出土了北周宣政元年（578 年）四月十二日若干云墓志。若干云官至骠骑大将军、上开府大将军、任城郡开国公、梁州刺史。在若干云墓的东面约 49 米处，发掘了另一处墓葬，出土有北周宣政元年（578 年）十月二十日独孤藏墓志。独孤藏也是出身于贵族世家的武将，官至大都督、隆山太守、武平县开国公，赠金州刺史。在若干云墓与独孤藏墓的东北方约 500 米处，发掘了另一座北周末年的墓葬，墓中出土了两方墓志：北周大成元年（579年）十月十四日尉迟运墓志与隋仁寿元年（601年）十月二十三日贺拔氏墓志。尉迟运在《周书》及《北史》中均有传记，所记与墓志铭文基本相符。尉迟运官至上柱国、卢国公、秦渭成康文武六州诸军事、秦州总管。贺拔氏是贺拔岳的侄女，也是出身于北周上层统治者家庭[66]。这样大量的北周上层官员墓葬集中出土，是前所未见的，由墓志确定了墓主的身份，对于认识北周时期的上层葬俗，探查北周时期的大型墓地与帝王陵园所在起到了重要的作用。

1955年，在西安市任家口发掘出一件北魏正光元年（520年）十一月三日邵真墓志。墓主邵真为阿阳令、假安定太守[67]。1984年在咸阳窑店胡家沟清理了西魏大统十年（544年）侯义墓[68]。

通过以上对北朝历代统治中心附近地区的墓志出土情况的介绍，我们很容易得出这些地区也就是当时使用墓志最多的地区的结论。的确，这些地区由于聚集了大量官员贵族，产生了较多的具有较高规格的墓葬。而在南北朝时期丧葬礼仪制度的变化中，墓志已经成为丧葬礼仪中表示等级身份的一种重要标志。现在可以见到的附有墓志的中原北朝墓葬中，墓主绝大多数是太守、刺史以上的高级官员及其配偶，未曾入仕者也是皇亲贵族或世族大姓子弟。政治统治中心是这些人首要的居住地。所以，这些地区自然成为墓志的主要出土地。但是，并不是其他地方不使用墓志这种礼仪用品，只是相对较少而已。这也正反映了当时礼仪制度中对使用墓志有一定的限制。

在上述地区以外发现的主要北朝墓志有：1965年在辽宁朝阳市城北西上台发掘的北魏刘贤墓志。该志作小碑形，螭首，碑额刻写"刘贤墓志"四字，下有龟座。铭文中没有刻写年月，只是称："魏太武皇帝开定中原，并有秦陇，移秦大姓，散入燕齐。君先至营土，因遂家焉。"由此看来，刘贤墓志可能是北魏早期的石刻，刘贤作为迁移到营州的关中大姓子弟，被辟为中正，后任临泉戍主、东面都督。可以说是地方豪强[69]。他的墓志使用碑形，可能还是沿袭中原的丧葬习俗，与晋代及晋代以后时有使用的碑形墓志有着文化上的密切联系。

1975 年，甘肃武威赵家磨村出土了一件比较罕见的十六国时期的前凉墓志。原石作碑形，碑额处题为"墓表"。是建元十二年（376 年）十一月三十日梁舒及妻宋华墓表（图一三）。梁舒的官职为"中郎中督护公国中尉晋昌太守"[70]。

1972 年，甘肃张家川木河出土了一件年号奇特的墓志。根据铭文记载，墓主王真保曾被魏孝文帝策授广武将军、城都侯，死后又被"大赵"加赠使持节、大都督西道诸军事、骠骑大将军、司徒公、天水郡开国公、太原王。刻记时间为"大赵神平二年岁次己酉十一月戊寅朔十三日庚寅"。根据记时干支推算，其年代应该是北魏永安二年（529 年）。而"大赵神平"这一年号在史书中从无记载。根据《魏书》与《北史》中的有关记载，"魏永安中，万俟丑奴据岐、泾等州反"[71]。"初，高平镇城人赫贵连恩等为逆，其推敕勒酋长胡琛为主，号高平王，遥臣沃野镇贼帅破六韩切贫。琛入据高平城，遣其大将万俟丑奴来寇泾州。……遣使人费律如至高平，诱斩琛。为丑奴所并，与萧宝夤相距于安定。宝夤败还。建义元年夏，丑奴击宝夤于灵州，禽之，遂僭大号。时获西北贡狮子，因称神兽元年。"[72]王真保所在地区，正是万俟丑奴反叛时占据的地区。永安二年（529 年）也正是建义元年（528 年）后面的一年。

图一三　前凉梁舒墓表

所以这个神平二年，很可能就是"神兽"后面改称的年号，或者文献将"神平"误作"神兽"。这件墓志不仅向我们展示了西陲地区也在使用墓志的现象，还展出了历史文献中阙载的一段陇上地方历史，恢复了万俟丑奴使用的国名与年号[73]。

　　1983年，宁夏固原深沟村发掘出土两方重要的墓志：北周天和四年（569年）五月二十一日李贤墓志与西魏大统十三年（547年）十二月二十一日李贤妻吴辉墓志。李贤在西魏与北周时都任原州刺史,是控制与西域往来的西北重镇原州的地方统帅。《周书》中有李贤的传记,墓志的内容详细叙述了李贤夫妇的身世与一生事迹,对史书记载有所补充。更为重要的是:墓志的出土,为确定该墓的时代提供了明确的证据,从而为北朝晚期墓葬的编年研究提供了一个墓主明确、时间清楚的标尺。李贤墓中还保存有大量壁画,借助墓志可以知道它们绘制的具体时间,对于了解北周绘画技艺以及考察隋唐壁画的源流具有重大意义[74]。

在新疆的吐鲁番地区,自清代末年至民国初年就已经有墓志出土。王树枏《新疆访古录》中记载了"清朝宣统二年(1910年),清吐鲁番厅巡检张清在吐鲁番的三堡掘取古迹,得张怀寂墓志"。这件墓志属于唐代,是目前有记载的最早在吐鲁番出土的古代墓志。继此以后,由于清政府的腐败无能,西方探险家纷纷到西域进行探险活动,大量掠夺古代文物。这些所谓的探险家在吐鲁番地区大肆盗掘古墓,获得一批墓志,其中如日本的大谷光瑞、桔瑞超等人于1912年在吐鲁番阿斯塔那地区发掘古墓,掠走墓志12件。1915年英国的斯坦因在阿斯塔那继续发掘,发现了17件墓志,掠走5件,剩下的12件丢失在墓地中,直至解放后才被新疆维吾尔自治区博物馆考古队发现收藏。1930年,参加中瑞合作科学考察的黄文弼先生在吐鲁番西面的雅尔崖地区进行发掘,发现墓砖、墓碑120件,后来收集在他编写的《高昌砖集》一书中。这些墓志包括高昌国与唐朝高昌郡两个不同时期的制品。其中高昌国前面近100年间相当于中原的南北朝时期,后40年左右相当于隋唐时期。出土墓志中,有相当一部分属于前一阶段的遗物。吐鲁番市的哈拉和卓古墓区、阿斯塔那古墓区与雅尔崖古墓区以及鄯善县的鲁克沁古墓区是新疆出土墓志较多的地区，1958年以来，新疆博物馆考古队曾多次在这些地区进行发掘，出土墓砖志、墓碑等一百多件。这些墓志铭文简单，大多用砖制作，在上面用墨或朱砂书写铭文，特别是仍然像晋代以下的一些墓志那样自称为墓表。但是使用墓志的人大多是官员及其家属，如延和十八年（619年）九月八日张师儿及王氏墓表、重光元年（620年）二月二十八日张阿质儿墓表、延寿五年（628年）九月二十日王伯瑜墓表、延寿十二年（635年）闰月十二日张善哲墓表等[75]。

50年代以来，在各地的考古发掘工作中又陆续出土了大量隋唐时期的重要墓志材料。据不完全统计，近50年来公开发表的新出土的隋唐墓志就有六七百种。这些墓志主要出土于以下地区：

陕西西安及附近地区。西安作为唐代的首都，居住着大量皇族、官员、文人士子，他们是使用墓志的主要社会阶层，造成西安地区唐代墓葬出土墓志数量较多的现象。近50年来，在西安郊区韩森寨、小土门、三爻村、洪庆村、郭家滩、驾坡村等地陆续出土了大量隋唐墓志。其中如隋开皇十五年（595年）十二月六日李椿墓志[76]、大业四年（608年）十二月二十二日李静训墓志[77]、大业六年（610年）七月二十三日姬威墓志[78]、唐总章元年（668年）十一月二十二日李爽墓志[79]、万岁登封元年（696年）二月十二日王定墓志[80]、景龙二年（708年）十一月一日韦洞墓志[81]、景龙三年（709年）十月二十六日独孤思敬墓志[82]、开元九年（721年）李嗣庄墓志[83]、开元十一年（723年）八月九日鲜于庭诲墓志[84]、开元十二年（724年）阿史那毗伽特勤墓志[85]、开元十五年（727 年）十一月二十二日郑绩墓志[86]、开元二十七年（739 年）十月二十六日俾失十囊墓志[87]、开元二十八年（740 年）八月壬申杨思勗墓志[88]、大历元年（766 年）阿史那妻薛突利施匐阿施墓志[89]、天皇元年（即兴元元年，784 年）二月二日李傀墓志[90]、贞元十九年（803 年）柳昱妻宜都公主墓志与贞元二十年（804 年）柳昱墓志[91]、永贞元年（805 年）米继芬墓志[92]、元和二年（807 年）四月十六日董楹墓志[93]、大和三年（829 年）十一月八日许遂忠墓志[94]、大和四年（830 年）十月八日何文哲墓志[95]、大中四年（850 年）十一月二十八日何溢墓志[96]等，都包含有丰富而且重要的历史资料，有些墓主或者墓志的撰写者见于两《唐书》等历史文献，有些墓志的内容可以与历史文献记载互相对校补正，有些墓志内容补充了历史记载的空白，等等。这些近 50 年中出土的隋唐墓志，尤其是五六十年代中国科学院考古研究所等单位在西安地区的系统科学发掘中出土的隋唐墓志，不仅具有重要的史料价值，而且为墓葬发掘提供了明确的年代证明与墓主身份地位的证明，为隋唐墓葬制度的研究提供了重要的考古证据。

在唐代帝陵范围内的发掘工作中也出土了大批重要的唐代墓志材料，其中尤以陕西省礼泉县唐太宗昭陵内与乾县唐高宗、武后乾陵内的墓志引人注目。

唐昭陵位于陕西省礼泉县，依山势峻峭的九嵕山主峰而建，面积约 200 公顷。其中埋葬了大量唐代早期的功臣与贵族。据《唐会要》"昭陵陪葬名氏"记载，昭陵前后陪葬妃子 7 人、王 7 人、公主 18 人、宰相 13 人、丞郎三品 50 人、功臣大将军 60 人，共计 155 人。而游师雄《题唐太宗昭陵图》

作 165 人，宋敏求《长安志》作 166 人。在近代发现的昭陵陪葬墓出土的墓志中，可以看到还有大量人物是《唐会要》中没有记载的，说明昭陵区域内陪葬的人物要远远超过 155 人。根据陕西省昭陵博物馆的收集，近代出土墓志有 46 件，其中绝大多数墓主是唐代初年的高级官员与功臣名将，如贞观十四年（640 年）三月十二日杨恭仁墓志、贞观十七年（643 年）九月二十一日长乐公主李丽质墓志、贞观十九年（645 年）十月十四日王君愕墓志、贞观二十一年（647 年）四月二十八日李思摩墓志、永徽二年（651 年）五月五日牛进达墓志、显庆元年（656 年）十一月二十四日唐俭墓志、显庆二年（657 年）十一月十八日张士贵墓志、显庆四年（659 年）四月十四日尉迟敬德墓志、麟德元年（664 年）十月二十二日郑仁泰墓志、麟德二年（665 年）十月二十二日程知节墓志、总章三年（670 年）二月六日李勣墓志、咸亨二年（671 年）十二月二十七日李福墓志、上元二年（675 年）十月十五日阿史那忠墓志、永淳元年（682 年）十二月二十五日临川长公主李孟姜墓志、光宅元年（684 年）十月二十四日安元寿墓志、开元六年（718 年）正月二十六日李贞墓志、开元十一年（723 年）二月十三日执失善光墓志、开元二十六年（738 年）五月二十九日李承乾墓志等都是具有重要史料参考价值的唐代重要人物墓志[97]。参照有关墓碑题名，这些墓志大多由著名书法家书写，字迹优美，雕刻精细，墓志的四侧与志盖雕刻有精美的纹饰，具有极高的艺术价值。

乾陵同样规模宏大，拥有大量陪葬墓，近年多有重要的出土发现。如 1960 年发掘的永泰公主墓出土的神龙二年（706 年）五月十八日永泰公主李仙蕙墓志[98]、1971 年出土的神龙

二年（706 年）七月一日章怀太子李贤墓志及景云二年（711
年）李贤与妻房氏合葬墓志[99]，以及开元十八年（730 年）
五月十九日刘浚墓志[100]等，都极富历史资料价值。

河南洛阳地区历来是出土墓志较多的地区。在解放后的考
古发掘中仍陆续有所发现。如孟津出土的咸亨三年（672 年）
十一月二十二日孙处约墓志[101]，偃师县出土的长寿三年
（693 年）李守一墓志[102]、长安三年（703 年）二月十七日张
思忠墓志[103]、神龙二年（706 年）十月十四日崔沈墓志[104]、
神龙二年（706 年）十二月二日宋祯墓志（图一四）[105]、景龙
三年（709 年）十二月李嗣本墓志[106]、景龙三年（709 年）
十二月李延祯墓志[107]，洛阳龙门出土的景龙三年（709 年）
十月二十六日安菩墓志[108]，陕县出土的开元三年（715 年）
十月十三日姚懿墓志[109]，偃师出土的开元二十六年（738 年）
李景由墓志[110]、开元二十九年（741 年）四月十二日李元璬
墓志[111]、元和九年（814 年）四月十九日郑绍方墓志[112]，
伊川出土的天宝十年（751 年）十月张庭珪墓志[113]等。其中
偃师杏园村有比较集中的发现，应该是当时李氏大姓一支家族
的族葬地。

河南北部的安阳地区也有隋唐墓志出土，但是比起两京地
区的墓志来，这里的墓志在内容和形制上都显得简略粗率。如
隋开皇七年（587 年）八月十一日韩邕墓志[114]、开皇九年
（589 年）十月十三日宋循墓志[115]，唐上元二年（675 年）杨
侃墓志[116]、显庆元年（656 年）十一月二十四日席伎墓
志[117]等。

在河南境内出土的重要墓志还有荥阳出土的天宝十年
（751 年）四月甲申赵冬曦墓志[118]等。

图一四　唐宋祯墓志盖

山西省内以往发现的隋唐墓志较少，50 年代以来，在太原、长治、襄垣等地陆续出土了数十件唐代墓志，如长治出土的显庆五年（660 年）十一月二十九日范澄及妻合葬墓志[119]、永昌元年（689 年）六月十七日崔挈墓志[120]、文明元年（684 年）五月二十八日乐道仁墓志[121]、天授二年（691 年）五月三日冯廓墓志[122]，太原出土的万岁登封元年（695 年）四月二十□日赵澄墓志[123]，襄垣出土的天册万岁二年（696 年）一月连简及妻张氏墓志[124]，长治出土的景云元年（710 年）十一月十三日李度墓志[125]、开元四年（716 年）十月二十八日张仁墓志[126]，太原出土的大历八年（773年）六月裴氏墓志[127]、贞元十年（794年）十二月二十七日马崇仙墓志[128]等，都是具有一定史料价值的墓志材料。

北京（幽州）作为唐代在北方的重镇，曾经是具有军事、政治、经济诸方面意义的大城市。解放前在北京也出土过一些重要的唐代墓志。近年来在北京的建设中又陆续清理了一批唐代墓葬，发现了相当数量的唐代后期的墓志。例如：建中二年（781年）姚子昂墓志[129]、贞元六年（790年）王郅墓志与元和九年（814年）王郅及妻崔氏合葬墓志[130]、永贞元年（805年）王恭墓志[131]、开成三年（838年）周元长墓志[132]、乾符五年（878年）九月二十五日（卒）茹君墓志[133]、中和三年（883年）张建章墓志[134]等。

河北省境内也出土了一些唐代的重要墓志，其中尤其以唐代末年藩镇及其妻子的三件墓志最为惊人。它们是：大中九年（855年）八月十四日王元逵墓志及其妻子鲁国长公主墓志[135]，其边长均在1.5米以上；咸通六年（865年）八月癸酉何弘敬墓志[136]，其边长达1.95米，四周及志盖雕饰精美，是唐代墓志中形制最大的。王元逵是占据河北一带的成德军节度使，何弘敬是魏博节度使，均被朝廷赠予太师。他们的墓志形制极大地逾越了礼制规定，反映了唐代末年藩镇的嚣张气焰。

此外，河北出土的隋唐墓志还有：隋开皇八年（588年）十一月八日崔昂后妻郑仲华墓志[137]、开皇九年（589年）二月二十六日封延之妻崔长晖墓志[138]、大业八年（612年）二月二十二日尉仁弘墓志[139]，唐显庆二年（657年）十一月二十二日尚登宝墓志[140]、开元二十四年（736年）尚袁墓志[141]、大历十二年（777年）二月二日张光祚墓志[142]、元和七年（812年）十一月十六日（卒）孙君墓志[143]、咸通五年（864年）八月十八日孙少矩墓志[144]等。

位居西北的甘肃、宁夏地区，近年也有一些重要的隋唐墓志出土，显示了这一地区在唐代与关中地区文化、经济上的密切联系。其中尤其以宁夏固原县南郊乡出土的一系列隋唐墓志引人注目。

这一地区是古墓比较集中的地区，1983年发掘的北周重要墓葬李贤夫妇墓及1993年发掘的北周大将军宇文猛墓等都分布在这一地区。1987年至1990年间，宁夏文物考古研究所固原工作站与固原博物馆等在这里发掘了8座隋唐墓葬，其中隋墓1座、唐墓7座，8座墓中有6座墓葬出土了墓志，共7件。它们是：隋大业六年（610年）正月二十二日史射勿墓志，唐显庆三年（658年）十二月史索岩墓志、麟德元年（664年）十一月十六日史索岩妻安娘墓志、咸亨元年（670年）十一月二十七日史诃耽墓志、咸亨元年（670年）十二月十三日史铁棒墓志、仪凤三年（678年）十一月八日史道德墓志、圣历二年（699年）十月二十八日梁元珍墓志[145]。这批墓志，尤其是史氏诸人士的墓志保存了大量重要的历史资料，关于他们的民族籍贯，曾经有过不同意见的讨论。墓志中的一些记载结合墓葬中出土的西方文化遗物，对我们了解当时中原与西域民族的关系具有宝贵的参考价值。

此外，甘肃武威管家坡出土了长安三年（703年）一月二十日牛绪墓志与牛绪妻刘三娘墓志[146]，武威南山青嘴喇嘛湾出土了开元六年（718年）十二月二十六日慕容若妻李深墓志[147]。慕容若是吐谷浑元王，李深作为李氏皇族出嫁吐谷浑族，具有和亲的性质。其墓志完全是唐代式样，反映了西域民族与汉族之间的文化交流。1978年在武威南营乡青嘴湾出土了开元二十四年（736年）十月三日慕容公妻武氏墓志[148]，墓主为武后的侄孙女，武承嗣的孙女，其所嫁慕容公显然是来归降的吐谷浑王族，官职为唐朔方军节度副使、金紫光禄大夫、行光禄卿、上柱国、五原公，与上面的慕容若可能有密切的关系。宁夏同心韦州还出土了乾元元年（758年）七月十日慕容威墓志[149]。墓主也是吐谷浑王的后裔，其曾祖钵，即两《唐书·吐谷浑传》中记载的青海国王诺曷钵，志中称其夫人为武承嗣之孙女，应该就是上述墓志中的武氏。据《甘肃武威南营发现大唐武氏墓志》一文介绍，该地区曾经发现许多唐代吐谷浑慕容氏墓葬，出土多方墓志铭，现保存在武威县文庙。由这些墓志来看，甘肃、宁夏一带曾经是归降的吐谷浑人聚居的地区，武威可能是他们居住的中心。其他如甘肃灵台出土的大中四年（850年）十一月陈惟江墓志[150]、甘肃平凉出土的大中五年（851年）十月二十日刘自政墓志[151]等，也具有一定的史料价值。

新疆维吾尔自治区境内出土的唐代墓志［包括唐代建元后，即自高昌延和十七年（618年）以后的高昌国墓志］主要出土于吐鲁番市的哈拉和卓古墓区、阿斯塔那古墓区、雅尔崖古墓区以及鄯善县的鲁克沁古墓区，1958年以来，新疆博物馆考古队曾多次在这些地区进行发掘，出土墓砖志、墓碑等一百多件。这些墓志铭文简单，大多用砖制作，在上面用墨或朱砂书写铭文，特别是仍然像晋代以下的一些墓志那样自称为墓表。但是使用墓志的人大多是官员及其家属。如延和十八年（619年）九月八日张师儿及王氏墓表、重光元年（620年）二月二十八日张阿质儿墓表、延寿五年（628年）九月二十日王伯瑜墓表、延寿十二年（635年）闰月十二日张善哲墓表等。唐朝灭高昌后，墓志的文字逐渐增多，文体学习中原的墓志写法，名称也改变为"铭"或"墓志"。如唐永徽四年（653年）张元峻墓志、麟德元年（664年）十月二十三日梁延怀墓志、咸亨二年（671年）二月五日严海隆墓志、垂拱四年（688年）三月十八日（卒）张雄夫人麴氏墓志、长寿三年（694年）张怀寂墓志、长安三年（703年）五月十日张礼臣墓志等，它们与墓中出土的纸质文书残件可以互相印证，不仅有助于这一地区的墓葬断代工作，而且对于认识西域高昌地区当时的政治、文化、经济等社会状况具有宝贵的史料价值，是吐鲁番学术研究的一个重要组成部分[152]。

山东、安徽等地出土的隋唐墓志相对较少，但是分布的范围较广，反映出当时使用墓志的情况比较普遍，可能在地方上还有不少有待整理发表的材料。但是仅就已发表的墓志材料而言，其中仍有一些重要的墓志发现。例如1976年在山东嘉祥英山发掘了开皇四年（584年）十二月二日徐之范墓志与其子徐敏行墓志[153]。徐之范是北齐著名文人徐之才的弟弟。1980年山东冠县出土了唐开元二十一年（733年）九月二十一日唐聘墓志。1981年山东东平出土了唐贞元十九年（803年）十一月十九日靳朝俊及夫人王氏墓志[154]。安徽合肥西郊出土了开皇三年（583年）十一月二十二日张静等合葬墓志。该墓志在一件志石上记录了张静与他的父亲、儿子等多人合葬的情况，这种做法在隋唐墓志中比较罕见[155]。安徽巢湖郊区发现了唐会昌二年（842年）三月十六日伍钧墓志。作为伍子胥的后裔，墓志详细地记录了伍氏家族在晋代以来四处迁徙的情况[156]。

　　江苏扬州作为唐代南方重要的经济中心，曾经繁华一时。这里近年来出土了相当数量的唐代墓志，特别是唐代后期的墓志，虽然这些墓志主人的身份地位并不太高，但对于了解这一地区的社会状况还是大有裨益。已发表的材料主要有：大历十四年（779 年）正月八日李举墓志[157]、贞元三年（787 年）六月一日赵蒿墓志[158]、贞元三年（787 年）六月三日陈公女妇窦氏墓志[159]、贞元七年（791 年）七月二日贾瑜墓志[160]、元和十四年（819 年）四月二十六日王氏墓志[161]、长庆元年（821 年）八月二十七日韦署墓志及大和八年（834 年）十一月二十日其妻郑氏墓志[162]、长庆四年（824 年）七月二十九日臧暹墓志及大中四年（850 年）四月十三日其妻蔡氏墓志[163]、大和九年（835 年）解少卿墓志[164]、开成三年（838 年）十一月三十日张杞墓志[165]、咸通八年（867 年）卢公弼墓志[166]、咸通九年（868 年）六月十日任玄墓志[167]、咸通十年（869 年）八月十一日韩偻墓志[168]、咸通十一年（870 年）八月二十二日周徒本墓志[169]、中和五年（885 年）骆潜墓志[170]、光启二年（886 年）六月十五日卫氏墓志[171]等等。

　　与扬州相对的镇江也发现了不少唐代后期的墓志，这些墓志有石质，也有砖质。例如在镇江江阳彭山发掘的乾元二年（759 年）严氏二子（严亢、严房）墓志，在镇江李家大山发掘的贞元十一年（795 年）八月二十六日徐巽墓志、贞元二十年（804 年）周庭文墓志，在镇江岘山发掘的长庆四年（824 年）四月三日李进兴墓志[172]，以及宝历二年（826 年）六月二十五日殷府君墓志、大中六年（852 年）闰七月三日许赟墓志等[173]。此外，江苏的徐州、泰州、吴县、无锡、苏州等地也陆续出土了部分唐代墓志。如 1958 年在泰州师范学校出土的元和六年（811年）正月十一日朱公墓志，1982年在泰州东郊出土的长庆二年（822年）二月二十八日（卒）朱君及夫人陆氏墓志[174]，1972年在无锡沈巷发掘的咸通八年（867年）皇甫云卿墓志[175]，1982年在吴县张陵山东山出土的甲子岁张氏残墓志[176]等。可能是由于腐蚀，这些墓志的文字保存得并不太好，墓志铭文的内容也比较简单。

最后需要提及的是，近年来在湖北、广东等南方地区发现了一些唐代重要墓志。南方发现的唐代墓志历来较少，似乎这里在当时还保持着一般人不使用墓志随葬的风气。使用墓志的人都是地位比较高的贵族官员及中原人士。例如湖北郧县出土的唐嗣圣元年（684年）三月十四日李徽墓志。李徽是唐太宗的孙子、濮王李泰的次子，其一家由于武后贬斥李唐子孙而被流放到这里。李徽的母亲阎婉墓志，葬于开元十二年（724年）六月二日。它们都是在1984年发掘出土的[177]。而在1973年，郧县新城东就出土了李泰的长子李欣的墓志[178]。它也葬于开元十二年（724年）六月二日。1960年，广东韶关西北的罗源洞山麓出土了唐玄宗时期的贤相张九龄的墓志。该墓志是在开元二十九年（741年）三月三日迁葬时刻制的，具有考古与历史文献上的重要参考价值[179]。

在此附带介绍一下唐代玉册的发现情况。

1981年，在北京丰台区林家坟清理了一座大型唐墓。该墓早期被毁，此次清理除发现铜、铁、瓷、陶、石器，金箔花等，还有40多枚玉册。玉册由汉白玉磨制而成，每枚长28.5厘米、宽3厘米。共残存文字200多个，内有"帝朝义孝乃因心亲惟□□□"等字样。有学者对玉册进行了考释，据此说明该墓为史思明之墓[180]。

1989 年 11 月，在河南省洛阳唐洛阳宫城遗址中发现了部分唐哀帝的玉册（图一五），其存留的部分铭文与《唐大诏令集》中记载的唐哀帝册文相同[181]。

1990 年底至 1991 年，陕西省考古研究所、临潼县文物园林局在临潼县椿树村发掘了唐宪宗太子李宁墓，因盗掘严重，出土器物较少，但是清理出的《册邓王为皇太子文》、《惠昭太

图一五　唐哀帝玉册

子哀册》等玉册,共达 127 枚, 保存基本完整, 是唐代玉册的重要发现[182]。

这些玉册的出土, 对于了解唐代的册命制度、哀册制度具有重要的参考价值。

近 50 年来, 新发现的属于五代至明清这一历史时期的墓志材料数量较大, 其中很多都是经过科学发掘得到的, 对于考古研究与历史研究多有帮助, 改变了清代以前金石著录中缺少这一时期材料的情况。由于保存下来的这一时期历史文献比较丰富, 可以与出土墓志互相对校者不在少数, 所以这些墓志在补正史书记载这一文献价值上引起研究者的关注, 把它们作为历史研究中重要的资料来源之一。由于涉及墓志数量较大, 以下仅就重要的发现, 尤其是出土的著名官员墓志加以介绍。

现在所见到的新出土五代墓志数量不多, 约 30 件。但是大多是身份较高的各国官员、将领或其夫人墓志。例如 1989 年在山西代县出土的唐天祐六年 (909 年) 二月十八日李克用墓志。李克用即后唐太祖, 由于李克用卒时尚未称帝, 仍沿用唐代年号, 墓志上也仍题写: "唐故河东节度观察处置等使、开府仪同三司、守太师、兼中书令、晋王墓志铭。"但是当时唐朝已经灭亡, 进入了五代时期。山西还出土了李克用的部将何君政墓志。其葬于后晋天福四年 (939 年) 十一月十一日。此外, 如山西屯留出土的天福五年 (940 年) 十一月十一日孙思畅墓志、潞城出土的后周广顺二年 (952 年) 马某墓志等, 多为普通人士的墓志, 说明墓志在山西一带一直沿用[183]。

1986 年, 河南洛阳出土了后梁开平三年 (909 年) 高继蝉墓志。据墓志记载, 高氏为"教坊使、银青光禄大夫、检校工部尚书、前守右卫将军、兼御史大夫、上柱国"[184]。1974 年,四川成都八里庄出土了前蜀乾德五年（923年）六月四日晋晖墓志。晋晖在《九国志》中有传记记载，是前蜀的重要将领[185]。1971年，四川成都磨盘山出土了唐长兴三年（932年）十一月二十四日福庆长公主墓志[186]。福庆长公主是李克用的长女，嫁给后蜀皇帝孟知祥。当时孟知祥尚未称帝，使用后唐年号。1977年，还出土了后蜀广政十一年（948年）九月十五日张虔钊墓志。张氏为后蜀重臣，卒后赠太子太师[187]。成都还出土过长兴三年（932年）十一月二十八日高晖墓志。墓志首题："唐故北京留守押衙、前左崇武军使、兼宣威军使、西川节度押衙、银青光禄大夫、检校工部尚书、兼御史大夫、上柱国渤海高公墓志铭"，以及其妻子墓志[188]。1984年，成都出土后蜀广政十八年（955年）八月十日（卒）孙汉韶墓志。孙氏为后蜀"武信军节度使、遂合渝泸昌等州管内观风营田处置等使、开府、仪同三司、守太傅、兼中书令、使持节、遂州诸军事、守遂州刺史、上柱国、乐安郡王"[189]。1985年，成都出土广政十四年（951年）十二月二十二日徐铎墓志。徐铎为后蜀"左匡圣步军都指挥副使、兼第二明义指挥使、金紫光禄大夫、检校太保、使持节、彭州诸军事、守彭州刺史、兼御史大夫、上柱国、高平县开国男"[190]。1981年，福建福州斗顶山墓葬出土了后唐同光三年（925年）十二月十二日王审知墓志及其妻任氏墓志。王审知当时称闽王，闽是南方十国之一[191]。另据介绍，广州博物馆藏有后梁贞明三年（917年）四月二十六日吴存锷墓志。吴存锷官至岭南东道□□□□使、□从都押衙、金紫光禄大夫、检校司空、□使□泷州诸军事、守泷州刺史、御史大夫、上柱国[192]。

　　已发表的新出土宋代墓志近300件，就其分布情况来看，中原的各个省市都有所发现，其中出土墓志数量较多的主要有河南、江西、陕西、江苏与浙江等地。虽然由于发表材料并不够完全，不能贸然就现有情况断定这些地区就是当时使用墓志最普遍的地区，但是，由于宋代社会使用墓志的人仍主要是官员、贵族与士人等，而这些人多聚居在政治中心与经济较发达的地区，而河南、江苏、浙江、江西等地在当时正属于这样的地区，从这一点来看，它们也应该是使用墓志较多的地区。考古发现与当时的实际情况应该是比较吻合的。

这些墓志中，包含有相当数量的宋代重要官员墓志，例如：河南伊川出土的元丰八年（1085年）十二月甲申王拱辰墓志。王拱辰官至彰德军节度使、北京留守[193]。河南巩县出土的元祐九年（1094年）二月乙酉赵頵墓志及其妻王氏墓志。赵頵为宋神宗皇叔、魏王[194]。河南密县出土的元祐九年（1094年）八月壬申冯京墓志及其妻富氏等墓志。冯京历任宋仁宗、英宗、神宗、哲宗四世重臣，官至宣徽南院使、太子太保[195]。河南郏县出土的宣和五年（1123年）十月晦日苏适墓志及其妻黄氏墓志。苏适为宋代著名文人苏辙的次子，官至承议郎[196]。新郑出土的北宋著名文人欧阳修家族墓志，包括：欧阳修的妻子薛氏、儿子欧阳棐、孙子欧阳�、欧阳愬等的墓志。这些墓志葬于元祐至崇宁年间[197]。陕西府谷出土的残折御卿墓志与折继新墓志、折继全墓志、折可复墓志等，其墓主都是北宋据守麟州、府州一带的著名军将折氏家族的成员[198]。陕西城固出土的乾道五年（1169年）杨从仪墓志。杨从仪为南宋抗金名将吴璘部下，任和州防御使、提举台州崇道观、安康县开国侯[199]。江西南丰出土的元丰七年（1084年）六月丁酉曾巩墓志。曾巩为宋代著名文人，官至中书舍人[200]。江西永新出土的元祐二年（1087年）正月丙辰刘谨墓志。刘谨为北宋宰相刘沆长子，官至天章阁待制、真定府路安抚使、马步军都总管、兼知成德军府事。江西波阳出土的元祐八年（1093年）二月辛酉熊本墓志。熊本官至中大夫、充龙图阁待制、新知洪州军州兼管内劝农使、江南西路兵马钤辖。江西景德镇出土的乾道九年（1173年）汪澈墓志。汪澈为观文殿学士、鄱阳郡开国公。江西广丰出土的绍熙五年（1194年）五月辛酉施师点墓志。施师点为资政殿大学士、宣奉大夫、知隆兴府、江南西路安抚使。江西吉安出土的嘉泰四年（1204年）十二月丙申周必大墓志。周必大是南宋左丞相，著名文士[201]。江苏仪征出土的皇祐五年（1053年）五月二十三日（卒）柳植墓志。柳植官至吏部侍郎[202]。安徽合肥出土的嘉祐八年（1063年）八月癸酉包拯墓志。包拯名闻遐迩，是民间传说中的清官典范，官至枢密副使。同时发表的还有包拯妻董氏墓志与子包繶妻墓志、次子包绶墓志、孙包永年墓志等[203]。浙江临海早年出土了绍定四年（1231年）十月癸酉赵汝适墓志。赵汝适是宋太宗的八世孙，他写的《诸蕃志》是一本很有价值的海外地理著作。该墓志是在文物普查中于农民家里发现的[204]。

此外，在河南巩县宋陵范围内还出土了大量宋代陪葬于帝陵附近的宋室子孙及其家属的墓志。这些墓志的主人大部分属于宋太祖子赵德昭、赵德芳的后裔，也有太子、公主与宗室亲王等。它们的文字都很简略，只记录死者官职姓名等，似乎是皇宫内府统一制作的。已发表材料的有60余件[205]。

辽代墓志主要出土于北京、辽宁、内蒙古东部、山西与河北北部地区，已发表的材料不到100件，但是大多为辽代契

丹、汉族高级官员的葬志，包含有重要的历史资料。此外，在
以往的金石著录与地方志记载中，还收录了一批辽代的墓幢
记、僧人墓塔记、石棺记与石函记等，这些是社会中层使用的
具有墓志作用的石刻，内容比较简单。这种区别可能表现出辽
代墓志仍具有一定的礼仪等级意义。

辽代墓志中，最负盛名的是本世纪初在今内蒙古昭乌达盟
巴林右旗白塔子辽庆陵中出土的辽圣宗哀册及圣宗钦哀皇后哀
册、圣宗仁德皇后哀册、兴宗仁懿皇后哀册等一批帝后墓志。
其中圣宗皇帝哀册同出多石，存契丹文字刻写者 2 件、汉字刻
写者 5 件。它们的出土曾经是学术界的一件大事。这些墓志现
存辽宁省博物馆。本世纪 20 年代后期，吐默特左旗新邱屯
（今辽宁阜新蒙古族自治县车新村）曾经出土了辽左金吾卫上
将军萧德温墓志，志石早佚[206]。

辽宁西北部与内蒙古东部是辽国的发祥地，作为辽国的政
治核心地区，拥有丰富的辽代墓葬，出土墓志数量也位居各地
之首。除上述解放前出土的辽圣宗等帝后哀册以外，还有大量
高级官员与契丹贵族的墓志。例如：乾亨三年（981 年）十一
月八日王裕墓志。王裕为崇义军节度管内观察处置等使、崇禄
大夫、检校太保、行宜州刺史等，其曾祖王处直为后梁北平
王[207]。1976 年，在王裕墓志出土地喀左县羊草沟门村又出土
了统和三年（985 年）十一月十五日王奉诸墓志。王奉诸任积
庆宫汉儿副部署、金紫崇禄大夫、检校尚书右仆射、兼御史大
夫。有论者认为该志的墓主应该是王裕的长子王瓒[208]。

1949 年，在阜新蒙古族自治县腰衙门村曾经出土辽重熙
七年（1038 年）晋国夫人墓志。1950 年，文物部门又在附近
的义县清河门（今属阜新市）一带清理辽墓多处，出土有辽佐

移离毕萧相公墓志残石与用契丹小字书写的清宁三年（1057年）萧令公墓志残石等。佐移离毕萧相公墓志志盖完好，志身已经碎成10块，根据残存的文字推测，墓主曾任辽国同政事门下平章事，其次子萧慎微，任崇德宫副部署，曾两次出使高丽，见于史载[209]。

1981年，阜新出土了太平九年（1029年）十一月十八日萧仅墓志。萧仅官至宁远军节度使[210]。萧仅的高祖萧撒刺即辽国左丞相萧辖刺，见于《辽史》。《辽史》及《契丹国志》中多有记载，又作萧痕笃、萧实鲁、萧延思等。据记载，这里在1949年还出土过重熙七年（1038年）二月二十七日耶律元妻萧氏墓志[211]。1970年，阜新还出土了主要由契丹小字书写的许王墓志，整个墓志只有右侧写有5行汉字，葬期不明，据考证，墓主应该为耶律义先。耶律义先，《辽史》有传记，卒于重熙二十一年（1052年)[212]。亦有日人长田夏树考证该墓主为耶律斡特刺，其人《辽史》有传，卒于辽咸雍九年（1073年)[213]。1991年，阜新还发现了被后人将背面改刻为佛像的一件契丹小字墓志残石，残留300余字。根据考释，墓志的主人可能与在此地附近发现的辽许王墓志主人有一定联系，属于辽代晚期[214]。

1964年，在朝阳出土了统和四年（986年）十一月十八日耶律延宁墓志[215]。耶律延宁为辽国的皇族，官至羽厥里节度使、特进、检校太尉、同政事门下平章、上柱国、漆水县开国伯。这件墓志的上半部书写契丹文字，下半部书写汉字。辽宁出土的契丹贵族官员墓志中，有不少都是类似的用两种文字书写的墓志，它们对于识读契丹文字具有极其重要的价值。1968年在朝阳出土了统和二十六年（1008年）二月十七日常遵化墓志。常遵化官至辽西州刺史、银青崇禄大夫、检校左散骑常侍、兼监察御史、武骑尉[216]。1972 年在朝阳发掘了保宁二年（970 年）十月七日刘承嗣墓志。刘承嗣官至左骁卫将军、金紫崇禄大夫、检校太保、御史大夫[217]。1977 年在朝阳出土开泰十年（1021 年）四月九日赵匡禹墓志。赵匡禹的祖父赵思温在《辽史》中有传记记载，他本人也官至遂州观察使、知临海军节度使事等[218]。1979 年这里还出土了他的五子赵为干墓志。其年代为重熙八年（1039 年）。1975 年与 1977 年，朝阳还出土了开泰九年（1020 年）二月二十六日耿延毅墓志及其子耿知新的墓志，后一志葬于太平七年（1027 年）。耿延毅为户部使、武平军节度、澧朗等州观察处置等使、使持节、朗州诸军事、朗州刺史、金紫崇禄大夫、检校太尉、兼御史大夫、上柱国、巨鹿县开国伯。耿知新为昭德军节度衙内都指挥使[219]。

1979 年，在义县又出土了辽乾统元年（1101 年）十月梁援墓志及乾统七年（1107 年）四月十七日梁援妻张氏墓志[220]。梁援曾经任相，见于《辽史·道宗本纪》。

1970 年，北镇出土了清宁八年（1062 年）十月二十七日漆水郡王耶律宗政墓志、咸雍元年（1065 年）四月十一日郑王耶律宗允墓志、咸雍五年（1069 年）十一月十日秦晋国妃墓志等契丹皇族墓志[221]。1991 年，这里还发现了重熙二十二年（1053 年）六月（卒）耶律宗教墓志。墓主任保义军节度、同中书门下平章事、判奉先军节度事、广陵郡王。墓志盖内侧刻有契丹小字铭文[222]。

1983 年，在北票发掘了早在 1896 年就被发现的咸雍八年（1072 年）九月十九日耶律仁先墓志，其人在《辽史》中有传记[223]。

法库陆续出土过大安六年（1090年）三月十九日萧袍鲁墓志[224]、天庆二年（1112年）三月十三日萧义墓志[225]等。萧袍鲁为北丞相，即《辽史·道宗本纪》所载萧袍里。萧义为北丞相、武宁军节度、徐宿等州观察处置等使、开府、仪同三司、检校太尉、守太傅、兼中书令、行徐州大都督府长史、上柱国、兰陵郡陈国公，《辽史》中有传记，称作萧常哥。

内蒙古赤峰出土过应历九年（959年）七月五日辽驸马赠卫国王墓志。据考证该墓主为萧屈列，见于《契丹国志·外戚传》。出土时志石已经碎成几块[226]。1987年，这里又出土了天庆三年（1113年）十一月（卒）耶律习涅墓志。墓主官至大横帐节度副使，志文用汉字与契丹大字两种文字刻写，共保存有契丹大字1616个，是现存契丹大字资料最多的一件[227]。1986年，哲里木盟奈曼旗发掘了一座重要的辽墓，出土有开泰七年（1018年）闰四月五日陈国公主墓志。陈国公主是辽景宗的孙女。史书上有记载[228]。1975年，昭乌达盟阿鲁科尔沁旗出土了重熙十年（1041年）十月八日耶律万辛墓志。志正面书："北大王墓志"，背面有汉字铭文（图一六）。另外还有一件志石，刻写契丹大字铭文[229]。此外，内蒙古宁城等地还出土了寿昌五年（1099年）十月己酉尚伟符等多件辽代墓志[230]。看来内蒙古东部与辽宁西部一样，是契丹贵族墓葬的主要分布地区。此外，在辽宁西部等地还出土了一批辽代汉族官员的墓志。

北京作为辽代的南京，驻有大量高级官员，尤其是汉族官员，这里出土的辽代墓志颇具价值。如：1960年出土的应历八年（958年）四月十九日赵德均妻种氏墓志。赵德均任辽卢

图一六　辽北大王墓志

龙军节度使、太师、中书令、北平王[231]。1981年出土了统和十五年（997年）五月十九日韩佚墓志及其夫人王氏墓志。韩佚为"始平军节度观察处置等使、崇禄大夫、检校太保、使持节、辽州诸军事、行辽州刺史、兼御史大夫、上柱国、昌黎县开国男"[232]。1960年出土了重熙二十二年（1053年）正月二十九日张俭墓志及其次子张嗣甫墓志。张俭为"洛京留守、开府、仪同三司、守太师、尚父、兼政事令、上柱国、陈王"[233]。1970年出土了重熙二十二年（1053年）四月二十二日王泽墓志及其妻李氏墓志。王泽官至"奉陵军节度、怀州管内观察处置等使、金紫崇禄大夫、检校太尉、使持节、怀州诸军事、怀州刺史、兼御史大夫、上柱国、琅琊郡开国侯"[234]。1964年出土了咸雍五年（1069年）五月十九日韩资道墓志。韩资道为六宅副使、银青崇禄大夫、检校工部尚书，其曾祖韩倬、祖韩绍文、父韩造并见于史载[235]。1957年出土了乾统二年（1102年）王师儒墓志。王氏官至武定军节度使、同中书门下平章事、兼侍中[236]。1979年出土了天庆三年（1113年）五月二十四日马直温妻张馆墓志。马直温为金紫崇禄大夫、右散骑常侍，张馆为前文所述张俭的侄孙女[237]。这些墓志大多形制较大，墓主无论是汉人还是契丹人，都使用汉字书写，多由文人官僚撰述志铭，文体明显沿袭唐代墓志，表现了中原文化对契丹民族社会的巨大影响。

出土过辽代墓志的还有河北北部地区和山西北部地区，这里出土的墓志与上述地区相比，墓主的身份较低，墓志的形制也较小。其中较重要的有：本世纪初在平泉发现的统和二十七年（1009年）二月二十三日耶律加乙里墓志[238]、重熙十五年（1046年）十二月十五日秦晋国大长公主墓志[239]，迁安出土的开泰六年（1017年）八月二十九日韩相墓志[240]，宣化出土的天庆六年（1116年）四月十日张世卿墓志[241]、天庆三年（1113年，卒）张恭诱墓志[242]等，此外还有山西大同出土的乾统七年（1107年）八月十九日董承德妻郭氏墓志等。

相比之下，金代的墓志发现得就非常少了，现在发表的材料不过三四十件。而且在现有的墓志中，汉族人士的墓志占了较大的部分。以北京出土的金代墓志较多。例如：1975年出土的大定十七年（1177年）四月四日石宗璧墓志。墓主为金宣威将军、河东路第一将正将、兼知大和寨事、上骑都尉、武威县开国子[243]。大约在60年代出土的大定二十一年（1181年）十二月十九日窝鲁欢墓志，首题：大金故太守兖国王墓志。墓主见于《金史·宗隽传》等[244]。1980年出土的大定二十四年（1184年）四月十二日乌古论窝论墓志。墓主赠金紫光禄大夫，尚金太祖完颜阿古打女儿毕国公主[245]。1980年出土的泰和元年（1201年）十二月乙酉元忠墓志。元忠在《金史》中有传，官至开府仪同三司判彰德尹驸马都尉任国公。同时出土了其妻鲁国长公主墓志。她卒于大安元年（1209年）五月二十四日[246]。1978年出土的泰和二年（1202年）三月十五日蒲察胡沙墓志。墓主为完颜皇族的外戚，其祖母为金太祖完颜阿骨打的姐姐韩国大长公主，其姐姐是金睿宗的皇后，见于《金史·钦慈皇后传》[247]。此外，河北、山西、辽宁等地也有少量金代墓志材料公布。较重要者如1958年在河北新城出土的皇统三年（1143年）十二月八日时立爱墓志、天会五年（1127年）五月十三日（卒）时丰墓志及他们的妻子墓志。时立爱在《金史》中有传记，时丰亦见于《金史·宗望传》[248]。

北宋、辽与南宋、金分立的局面形成以后，各地的葬俗有了比较明显的地方民族特色，北方墓志的使用可能更局限于上层官员与汉族文人之间，造成辽、金时期的墓志发现较少的考古现况。同样，现在出土的元代墓志大多数也是属于著名官员及文士阶层，值得注意的是地位较高的道士的墓志曾经多次出土，反映了元代道教受到官方保护和提倡的兴盛局面。

综观近代出土的元代墓志，虽然数量不太多，但分布较广泛。在中原的十余个省市都有发现，甚至云南等边远地区也有出土。其中已发表的材料以江西最多。比较重要的材料有以下一些例证：

江西吉安出土的至元二十一年（1284 年）文天祥墓志。文天祥作为名垂千古的爱国主义代表人物在历史上占有重要地位，其墓志由邓光荐撰写。邓光荐与文天祥志同道合，又因为共同抗元而同囚数月，所以这篇墓志感情真挚，记叙的事迹十分感人[249]。甘肃漳县出土了汪惟纯墓志、大德元年（1297 年）九月二十二日汪惟孝墓志、大德十年（1306 年）十月庚申汪惟贤及妻祁氏墓志、天历二年（1329 年）五月四日汪懋昌墓志、汪源昌墓志等汪氏家族成员墓志。这些汪氏家族成员的祖父（曾祖父）汪世显为元代重臣，见于《元史·汪世显传》。汪惟纯为元安远大将军、巩昌等处宣慰使司事权便宜都总帅。汪惟孝为元龙虎上将军、中书右丞、四川行省事便宜都总帅。汪惟贤为元荣禄大夫、大司徒。汪懋昌等人也官至知州、州大夫等职秩[250]。1959 年，在清理山西芮城永乐宫旧址时出土了著名道教真人宋德方墓志。该志葬于元至元十二年（1275 年）三月三日，它对于了解元代全真道的教派发展具有一定价值[251]。1984 年，河北易县收集到早年在定兴出土的至元十七年（1280年）四月一日张弘范墓志。张弘范是元代重要将领，任镇国上将军、江东道宣慰使、蒙古汉军都元帅，在《元史》、《新元史》中均有传记[252]。1956年，安徽安庆出土大德五年（1301年）六月范文虎墓志及其妻陈氏墓志。范文虎官至尚书省右丞、商议枢密院事、提调诸卫屯田通惠河道漕运事，在《新元史》中有传[253]。1962年，北京出土了皇庆二年（1313年）四月乙酉铁可墓志。铁可在文献中又作铁哥、帖哥、帖可等，任太傅、录军国重事宣徽使、领大司农、司太医院事，原籍在今巴基斯坦，《元史》、《新元史》等均有传记记载[254]。1972年，在北京出土了大德九年（1305年）张弘纲墓志。其人为元世祖忽必烈重臣，官至昭勇大将军，见于《元史》、《新元史》等[255]。1978年在陕西省户县出土了大德十一年（1307年）九月壬午贺仁杰墓志和贺仁杰的儿子贺胜墓志。他们在《元史》上都有传记，贺仁杰为光禄大夫、平章政事商议陕西等处行中书省事；贺胜为中书左丞相、开府、仪同三司、上柱国[256]。1952年，上海青浦发掘了泰定四年（1327年）任仁发墓志。墓主是元代著名水利专家与名画家，《新元史》中有传记。同时出土的还有至正六年（1346年）四月十三日任贤德墓志、至正九年（1349年）正月十八日任贤能墓志、至正十一年（1351年）十二月十二日任明墓志等。任贤德、任贤能是任仁发的儿子；任明是任仁发的侄子，官至赣州路总管府事[257]。1974年，山东嘉祥发掘出至顺元年（1330年）六月二十六日曹元用墓志。曹元用在《元史》、《新元史》中均有传记，曾任翰林侍讲学士、通奉大夫。同时出土的还有他的妻子郭氏墓志[258]。河南洛阳出土了塞因赤答忽墓志[259]。1974年，江苏吴县出土了至正二十四年（1364年）

十一月甲申潘德懋墓志。潘德懋是元末张士诚起义军中的重要人物[260]。1982年，重庆出土了元末起义军领袖明玉珍的墓志。它葬于至正二十六年（1366年）九月六日。明玉珍于元至正二十一年（1361年）在今重庆称王，至正二十三年（1363年）建立大夏国。在《新元史》、《明史》中均有传记[261]。

明代的墓志在近50年内出土较多，业已发表的材料共计约600件。主要出土地有北京、辽宁、江西、江苏、四川、陕西等地。其中大部分为各级官员及其家属的葬志。有很多墓主是见于史载的高级官员和著名人物。例如：

北京市右安门外出土了成化十一年（1475年）万贵墓志及其妻子墓志。万贵是明宪宗成化帝贵妃万氏的父亲，赠官骠骑将军、锦衣卫都指挥使。还有正德十年（1515年）张懋墓志及张懋的三个妻子的墓志。张懋任特进、光禄大夫、左柱国、太师兼太子太师，被封为英国公[262]。

河北在1993年发现了弘治八年（1495年）贾俊墓志。贾俊为太子少保、资德大夫、正治上卿、工部尚书，《明史》中有传记[263]。此外还发现了户部尚书张笔峰的墓志[264]。

辽宁出土的明代墓志数量可观，其中以军人的墓志居多。有些具有重要的史料价值。例如1919年在鞍山出土的景泰元年（1450年）七月十七日崔源墓志。崔源是昭勇将军，志载：其人曾于宣德元年"同太监亦信下奴尔干等处招谕"。崔源的名字又见于著名的《永宁寺碑》，这对于证明明代的北方疆域具有重要的意义。同时出土的还有崔源的儿子崔胜，孙子崔鉴、崔锴，曾孙崔哲、崔贤，玄孙崔世武等人的墓志。他们均为明文武官员，向我们显示了一个延续数代的庞大官僚世家的聚族埋葬礼俗[265]。

南京出土了洪武四年（1371年）四月六日汪兴祖墓志，其人见于《明史·张德胜传》，为荣禄大夫、同知大都督府事[266]。1983年出土的阙年月吴祯墓志，墓主吴祯为靖海侯，《明史》有传[267]。在吴祯墓附近，1965年出土了洪武十四年（1381年）吴良墓志。吴良为吴祯兄，被封为江阴侯，《明史》中有传。这里曾经出土的还有吴祯儿子吴忠的墓志[268]。一些更为著名的明代开国功臣，如沐英、汤和等人的墓志也被发掘出来。沐英墓志记载，其卒于洪武二十五年（1392年）[269]。1959年，南京江宁印塘山观音山南还出土了沐英的弟弟沐辰的墓志，其葬于正统四年（1439年）十一月二十六日；以及沐英的续妻耿氏墓志，葬于宣德七年（1432年）八月[270]。汤和墓志葬于洪武二十八年（1395年）十一月壬申[271]，是在安徽省蚌埠东郊出土的。

安徽出土的明代重要人物墓志除上述汤和墓志以外，还有在嘉山东郊出土的明太祖朱元璋姐丈、陕西恭献王李贞的墓志，其葬于洪武十一年（1378年）十二月庚申[272]。李贞其人在《明史》中有传。

江西靖安曾经收集到著名的清官况钟的墓志。况钟卒于正统七年（1442年）。该志的撰、书者王直、丁铉也都是在《明史》中有传记的著名人物[273]。另外，比较重要的官员墓志有1976年出土于婺源县的嘉靖十七年（1538年）四月六日汪铉墓志。汪铉官至吏部尚书、兵部尚书，令同内阁辅臣，大权在握，但《明史》中没有给他立传，仅见于《明史稿》、《国朝献征录》与万斯同《明史》等文献。万历三十五年（1607年）九月宋仪望墓志。宋仪望官至大理寺卿，多有著作，《明史》

中有传[274]。此外，1995 年，鹰潭还发现了道教天师张宇清的
墓志，他是掌天下道教事的第四十四代天师[275]。这件重要的
道教人物墓志的发现，对于道教历史研究具有珍贵的价值。

江西出土的明代亲王墓志较多。波阳出土有正统十二年
（1447 年）五月十二日朱瞻墺墓志。朱瞻墺是明仁宗的第七
子，被封为淮靖王。属于淮王世系的明代墓志还有弘治十六年
（1503 年）十一月二十九日淮康王朱祁铨墓志，万历九年
（1581 年）二月淮恭王朱载垱墓志等[276]。新建县等地出土了
宁王世系子孙们的大量墓志，为首的是正统十四年（1449 年）
二月十一日朱权墓志。朱权是朱元璋的第十六子，被封为宁
王，谥号献。明代文献中有大量关于他的记载，其中一些具体
的时间、人名可以根据墓志加以校正。朱权富于著作，著有多
种杂剧，并大力刊印古籍等。现在发现的其子孙们的墓志有：
成化二十二年（1486 年）十一月十九日辅国将军朱觐钶墓志、
弘治二年（1489 年）七月乐安昭定王朱奠垒墓志、弘治十年
（1497 年）十二月宁康王朱觐钧墓志、弘治十四年（1501 年）
九月二十九日朱宸浍墓志、正德十二年（1517 年）闰十二月
七日奉国将军朱宸㴐墓志、嘉靖四年（1525 年）一月二日辅
国将军朱宸淌墓志、嘉靖二十六年（1547 年）十月十二日辅
国将军朱宸泽墓志[277]、嘉靖三十九年（1560 年）五月二日
（卒）奉国将军朱宸涪墓志[278]等，以及他们的妃子墓志。南
城县出土了嘉靖十九年（1540 年）八月二十五日益端王朱祐
枢墓志。据墓志记载，朱祐枢是明宪宗的第四子，《明史》称
其为第六子是错误的。属于益王这一系统的有嘉靖三十六年
（1557 年）三月十七日益庄王朱厚烨墓志，实际上此墓志是万
历十八年（1590 年）十二月二十四日其孙改葬时重新刻制的。

还有嘉靖四十年（1561 年）十月十七日铜陵王朱载壖墓志、万历二十一年（1593 年）一月十六日益恭王朱厚炫墓志、万历二十一年（1593 年）十一月十三日淳河王朱常 汭墓志、万历三十一年（1603 年）十二月三日益宣王朱翊钶墓志、崇祯七年（1634 年）十二月二十一日益定王朱由木墓志等，以及他们的妃子墓志多件[279]。

　　作为中原重地的河南，历来为明代重要藩镇所在。这里出土的明代王室墓志有 1974 年发现的成化元年（1465 年）正月二十五日洛阳王朱勉塇墓志、隆庆六年（1572 年）十一月二十日万安康懿王朱典樸墓志[280]、万历四十二年（1614 年）潞简王朱翊镠墓志[281]、崇祯十六年（1643 年）正月八日福忠王朱常洵墓志[282]等。重要官员的墓志如禹州市征集的正德五年（1510 年）马文升墓志。马文升为少师、兼太子师、吏部尚书，赠特进、光禄大夫、左柱国、太师，《明史》中有传记[283]。1978 年，洛阳北邙徐村出土了嘉靖三十七年（1558 年）八月六日去世的山西平顺县儒学教谕刘冲庵墓志，铭文记载了当时一支由曹勇、冯风领导的农民起义军情况，是文献中没有记载的，具有一定的参考价值[284]。

　　湖北出土的著名人物墓志有葬于洪熙元年（1425 年）三月的辽简王朱植墓志[285]及葬于正统十一年（1446 年）的杨溥墓志。杨溥官至少保、礼部尚书兼武英殿大学士，《明史》中有传记[286]。

　　四川出土的明代墓志中，值得注意的有夹江出土的正德十三年（1518 年）五月十八日余子伟妻张氏墓志等[287]。余子伟的兄长余子俊，官至兵部尚书、户部尚书、太子少保。《明史》中有传记。但是《明史·余子俊传》却将余子伟一支写作余子

俊的嫡系子孙，通过这些墓志才得以纠正。又如 1979 年在剑
阁出土的万历十二年（1584 年）三月二十三日赵炳然墓
志[288]，其人官至太子少保、兵部尚书，死后赠太子太保，
《明史》中也有传记。1985 年在内江出土的万历十七年（1589
年）阴武卿墓志及其妻、妾的墓志，对于了解福建等地的抗倭
战争有所裨益。阴武卿是抗倭名将俞大猷的谋士，官至南京兵
部尚书，赠太子少保，但是《明史》中没有他的传记，藉此可
以补充文献记载[289]。1974 年在广安征集的天启五年（1625
年）六月十九日王德完墓志及其妻古氏墓志。王德完为通议大
夫、户部右侍郎、加光禄大夫、户部尚书、前都察院左都御
史，《明史》中有传，

两广地区发现的明代墓志虽然比较少，但是也有像正德八
年（1513 年）十二月十二日戴缙墓志这样的名人墓志出
土[290]。戴缙曾任监察御史，官至南京工部尚书，《明史·宪宗
本纪》与《商辂传》、《汪直传》等记载了他的有关事迹。东莞
出土了天顺元年（1457 年）十月二十五日（卒）罗亨信墓志
与其父罗昌的墓志[291]。罗亨信官至通议大夫、都察院左副都
御史。

陕西发现的明代墓志中，有 1954 年在长安出土的成化十
三年（1477 年）六月七日朱铄墓志[292]。朱铄是朱元璋的四世
孙，被封为兴平王。墓志中记载"天顺二年间，袭兴平王爵"。
而《明史·诸王世表一》中写作："天顺元年薨。"应为误舛，
可以藉此志更正。西安陕西师范大学校园中出土了正德四年
（1509 年）五月十日朱诚㳽墓志。墓主为朱元璋的六世孙，任
永寿王府奉国将军。此外还出土了万历五年（1577 年）三月
三日迁葬的朱秉栩墓志等[293]。

陕西的一些明代墓志中保存有可贵的历史资料。如1973年扶风出土的隆庆六年（1572年）十一月二十日王纶墓志[294]。志文记录了有关太监刘瑾专权时拉拢王纶，与许进争斗的材料。又如1984年榆林出土的嘉靖三十二年（1553年）三月八日高秉元墓志、万历二十五年（1597年）十一月九日高彻墓志及其妻孙氏墓志等，详细记载了自明代初年至万历年间高氏家族十一代人的世系与历史，向我们展示了明卫所制度下的一个军户家族是如何定居、发展的。高秉元官至骠骑将军右军都督府署都督金事；高彻官至古北口参将，封骠骑将军。他们虽然是世代从戎的下级军官，没有多少与正史有关的重大事迹，但是其家族历史颇具参考价值[295]。类似的家族系列墓志还有在彬县陆续出土的成化十五年（1479年）五月二十九日（卒）阎本墓志，与阎本的儿子阎凤山、阎宾山，孙子阎承恩、阎奉恩，玄孙阎𨱇等人的墓志，以及他们妻子的墓志。阎本官至户部右侍郎[296]。

甘肃曾经出土嘉靖十年（1531年）十月彭泽墓志与其弟彭冲、其子彭櫓，以及他们的妻子们的多件墓志[297]。彭泽墓志形制庞大，共有两块，均长1.81米、宽1.17米，上面刻有彭泽的肖像。志文近7000字，是墓志铭文中少见的长篇巨制。墓志篆额记载其历官为：特进、光禄大夫、柱国、少保、兼太子太保、兵部尚书、侍经筵、奉敕提督十二军团营前总制、总督直隶河南江西湖广四川云贵陕西甘肃紫荆山海关等处军务、都察院掌院事、左都御史。《明史》中有其传记。在漳县还曾经发掘出一件昭勇将军汪昭墓志，这是在清理元代重臣汪世显家族墓地的多座重要墓葬时出土的。汪昭是汪世显的八世孙。这座墓地长期使用的情况，使我们对元、明时期地方大族的存在状况加深了认识[298]。

其至在当时的边陲宁夏也出土了明代亲王的墓志。1968年，宁夏同心出土了正统四年（1439 年）五月十三日朱㮵墓志[299]。据墓志记载，墓主系朱元璋第十五子，被封为庆王，但是《明史·太祖诸王传》中记载其为朱元璋第十六子，显然应该依据墓志予以改正。

出土墓志中，还有一些具有文化价值的材料，如 1989 年在浙江绍兴发现了著名书画家徐渭撰书的其父徐竹庵墓志[300]，1990 年在江苏灌南县收集到著名作家吴承恩撰文的刘居士墓志[301]等。

## （二）有关墓志起源的新发现与研究

墓志，是中国古代封建社会礼制与葬俗造成的重要随葬品，也是现存古代石刻中占有较大比重的一个主要石刻类型。从上一节的大致介绍中可以看到：本世纪以来，墓志的出土数量是出土石刻中最多的，使之成为古代石刻中最为重要的一大门类。但是，中国古代的墓志究竟是在什么时候产生的，却是学术界意见长期不能统一的一个重要问题。近年来，随着一些涉及墓志起源问题的古代铭刻材料的出土，这一问题引起了新的深入研究，成为石刻研究中的一个重要问题。以下重点介绍本世纪中有关墓志起源的新发现，以及关于墓志起源的研究成果。

对于墓志的起源，以前有过多种不同的意见，分歧较大，例如：

通过研究发现于秦始皇陵西侧的秦代刑徒墓出土陶文认为

我国最早的墓志出现于秦代，见《文物》1982年第3期，始皇陵秦俑坑考古发掘队《秦始皇陵西侧赵背户村秦刑徒墓》。

根据古代文献中的有关记载认为墓志首先出现在西汉时期。如清代学者叶昌炽《语石》一书判断："王氏萃编（按：指《金石萃编》）曰：《西京杂记》称前汉杜子春，临终作文刻石，埋于墓前。《博物志》载西京时，南宫寝殿有醇儒王史威长之葬铭，此实志铭之始。"

根据出土发现的古代石刻认为墓志首先出现在东汉时期。例如罗振玉《辽居稿》《延平元年贾武仲妻马姜墓记跋》云："汉人墓记前人所未见，此为墓志之滥觞。"马衡《中国金石学概要》一书说："（墓志之制）始于东汉，《隶释》载张宾公妻穿中文，即圹中之刻。"赵万里《汉魏南北朝墓志集释》卷一（晋太康三年）冯基石椁题字按云："近年陕北出土郭仲理石椁，亦皆有铭。或以砖，砖之有字者尤多。……稍后以志铭代椁铭，与前世风尚殊矣。"

通过对历史风尚及有关制度的考证认为魏晋时期即出现了墓志。如日人日比野丈夫《关于墓志的起源》一文称："由于魏晋时代严禁在墓前立碑，迫不得已，在墓中埋下小型的石碑来代替墓碑，这被看作是墓志的起源。"我国也有学者持同样看法。

清代学者根据当时可以见到的古代石刻与文献记载认为墓志出现在南朝。如顾炎武《金石文字记》卷二《大业三年荥泽令常丑奴墓志跋》云："墓之有志，始自南朝。《南齐书》云：宋元嘉中颜延之作王球石志，素族无碑策，故以纪德，自尔以来，王公已下，咸共遵用。"端方《陶斋藏石记》卷五云："刘怀民志作于大明七年，适承元嘉之后，此志铭文字导源之时代也。"

由此可以看到，以往判断中国古代墓志产生时间的主要依据，往往局限于所见到的出于墓中的铭刻材料。现在，在考古发掘中不断发现新的有墓主姓名等文字的铭刻材料，而且这些材料的时代不断提前，因此，研究者们判断的中国墓志产生的时间也不断前推。其中的一个关键问题，就是墓志本身概念的模糊不清。也就是说将一些并不是专门作为墓志使用的铭刻材料归入墓志里面了。这样，具体哪些出土铭刻可以称为墓志，哪些又不适宜称为墓志，又成了一个看法不一的问题。实际上影响了对墓志起源的判断。

应该说古代任何一种器物的产生、发展、定型与任何一种典章制度的形成都有一个逐渐演化的过程，像墓志这样影响深远、使用广泛的重要器物更是如此。不去考察这个演化过程，仅局限于几种新材料或凭个别文献记载就下结论，是很难全面准确地反映出墓志这种重要器物的发展历史的。

因此，应该把作为考古学中一类专门器物的墓志与标志墓葬这一社会礼制风俗区分开来。墓志作为一种器物类型，抑或是作为一种专门文体，应该具有自己的特征。这些特征应该是：埋设在墓葬中，专门起到标志墓主的作用；有相对固定的外形形制；有较为固定的铭文文体。不具有以上特征的器物，尽管是在墓中出土的铭刻，也不应该称作墓志。

墓志的作用，首先应该说是为了标志出这一座墓葬的主人是谁。因此，墓志的产生，应该是在有了需要标志墓葬主人的实际要求这种社会观念以后才正式起步的。

标志墓葬，可能是在原始社会就已经存在的作法。通过现代科学发掘的新石器时代聚落的墓葬排列情况，确实应该得出当时人们是有意识地在地面上标志出墓葬所在的结论。孔子说过："吾闻之，古者墓而不坟。"[302]既然远古时代不在墓葬地表堆起坟头，那么标志墓葬只能靠人为的其他标志。这时标志墓葬所在的目的，除供子孙祭祀以外，更主要的原因可能是使以后再埋葬时不致打破旧墓，并能让氏族或家族内部的各种亲属关系得到表现，使尊卑上下的地位分别有序。也就是说，这时标志墓葬主要是为生人服务的。

以后，随着文化的演进，标志墓葬的方法也有了形形色色的改变。例如在墓上建筑祠堂，树立墓表，在墓中放入标志墓主身份的器物等等。考古工作者曾经在殷墟小屯的商代重要墓葬妇好墓的墓口上发掘出一座房屋基址，并认为它是妇好的享堂，即用于祭祀的房屋[303]。它在有商一代，应该是起着标志墓葬的作用的。在商周时期的墓葬中尚未发现明确用于说明墓主姓名身份的铭刻。可能在这时，人们还没有想到必须在墓葬中专门设置一些可以说明墓主身份的器物。也就是说，没有在墓中标志墓主的社会习俗。

而修建享堂的风俗可能一直流传下来，至少在汉代的考古遗迹中有大量实物发现，说明这种作法在汉代十分流行。信立祥《论汉代的墓上祠堂及其画像》一文指出："西汉早期已出现墓上祠堂。汉代的墓上祠堂制度，当源于惠帝所创始的汉高祖长陵寝庙制度，武帝以后普及于社会中下层。"[304]这些意见中，除了墓上祠堂制度的渊源应该追溯到先秦乃至商周以前外，都是可信的。东汉文物中著名的武梁祠、孝堂山石室等，都是这种建筑在墓上的祭祀祠堂。它们都反映出当时丧葬习俗中要标志墓葬，显示陵域的意识。

另一方面，在秦汉时期，则开始出现了越来越多的可以起到标志墓葬作用的墓中铭刻。近代的考古发掘中，发现了大量这类铭刻材料，通过对它们的分析，可以使我们更加清楚地了解中国墓志的起源。

首先需要谈到的是：1979 年 12 月，陕西省秦俑坑考古发掘队在秦始皇陵西侧的临潼县赵背户村发掘修建始皇陵的秦代刑徒墓地时，在很多墓中出土了刻在残瓦上的秦代陶文，总共有 18 件，其中 16 件刻写在残板瓦的内侧，另两件刻在残筒瓦的内外两侧，其主要内容是死者的姓名、籍贯、身份等。根据文字内容成分，大致可以分为以下几种类型：

1. 仅刻地名与人名，如："东武罗"、"博昌去疾"等。

2. 刻写地名与身份人名，如："邹上造姜"、"东武不更所"。

3. 刻写地名、刑名、身份与姓，如："〔杨〕民居赀武德公士契必"、"平阴居赀北游公士滕"。

4. 刻写地名、刑名、身份与人名：如："东武居赀上造庆忌"、"阑陵居赀便里不更牙"[305]。

发掘者在简报中认为这些陶文是中国发现最早的墓志[306]。如果从它们的内容与用法来看，它们已经具备了标志墓中死者的性质，可以说已经为后代正式定型的墓志开创了先导。但是它们并没有固定的程式，推测只是在埋葬时利用建筑工地上的残破瓦片随手刻写，放入墓中。特别值得注意的是：在这一处工徒墓地共发掘了 110 座墓葬，其中绝大多数是没有陶文随葬的。有人曾经认为"这似与（死者）身份的高低有关"。但是我们可以看到，这 18 件陶文中有 8 个人没有写上爵位，所以，无法说有无陶文随葬是由死者身份决定的。也不应把这些陶文与墓志等同起来。

　　但是，这些陶文给了我们一个十分有益的启示，那就是：标志墓主，可能有用于后人迁葬时便于识别尸骨的目的。这些秦代陶文所标明的死者籍贯，都是山东（原六国）各个郡县的人士，不是秦国关中的居民。这是否说明了刻写铭文放在墓中具有利于迁葬的意义。在后来的墓志中，也有注明祖先家族坟茔所在地的情况，显然用于移葬曾经是设置墓志的一个重要用途。

　　近年来，出土了一些争议较大的古代陶文材料，其中有些牵扯到墓志的起源问题。1987年，山东邹城张庄邾国故城址内发现一座已经残毁的砖室墓，墓中出土两方刻字砖，大小略同，各长0.25米、宽0.12米、厚0.05米。一件正反两面刻字，另一件只在一面刻字。文字内容基本相同。李学勤释读为"□之母之□（偃）尸，□（其）子才（在）□（其）北"。意为墓中埋的是某某的母亲，某某本人埋在她的北边。报告作者根据铭文书体与出土地点，将这些刻字砖定为战国早期的物品，进而认为这是目前国内发现的最早墓志[307]。黄展岳对此说法提出异议，认为："定此二砖为战国早期疑窦甚多。按条砖最早出现于陕西扶风、岐山周原遗址（见罗西章：《扶风云塘发现西周砖》，《考古与文物》1980年第2期；《周原出土的陶制建筑材料》，《考古与文物》1987年第2期），属西周晚期，在砖上刻写文字和利用条砖砌建墓室均始见于战国晚期关中地区。西汉中期以后，砖室墓开始在中原地区流行。山东地区用条砖铺砌墓底，砌造砖椁始见于青州戴家楼西汉墓（发掘材料存山东省文物考古研究所），完整的砖室墓要到西汉晚期以后才出现。由此可以确定，邹城刻字砖绝非战国砖。砖文草率，无法度，显系信手刻划，文字损泐过甚，不可通读，即使文字似金文，也可以是后人仿刻，这在考古资料中并不罕见。因此，我怀疑这两方刻字砖可能出自东汉砖室墓，砖文属于制砖工匠的'随笔'砖。"[308]我们认为，这种看法是很有道理的。

东汉刑徒墓砖铭是沿袭这种标志墓葬形式的最好实例。东汉刑徒砖铭大多出土于当时的首都洛阳附近。最早见于金石著录是在清代晚期。端方曾经收藏有100多件，在他自编的《陶斋藏砖记》中有所著录。罗振玉后来收集到洛阳地区出土的东汉刑徒墓砖200余种，编入《恒农冢墓遗文》、《恒农砖录》等书。1949年以来，在洛阳地区的基建工程与考古发掘中曾经大量出土了东汉刑徒墓砖铭。如《考古通讯》1958年第6期《汉魏洛阳城刑徒坟场调查记》与《考古》1972年第4期《东汉洛阳城南郊的刑徒墓地》等报告中所介绍的出土材料。50年代中，张政烺先生就对这些刑徒砖作了研究，他在《秦汉刑徒的考古资料》一文中谈到："今日所见这类刑徒志砖皆厚重坚实，字划系后刻，疑即以建筑用砖为之。"[309]上述报告记录的墓砖大小正与出土的当时建筑用砖相近，一般长约0.3至0.4米、宽0.2～0.25米、厚0.1米左右。墓砖的出土情况，据《东汉洛阳城南郊的刑徒墓地》一文介绍："墓砖放置的位置，以放置两块墓砖为例，大体上是一块放在骨架的上身，一块放在骨架的下身。估计是把棺材下于墓坑后，即将墓砖扔置于棺上。"

东汉刑徒墓砖铭文的行文格式与临潼出土的秦代陶文很相似，但有些较长的铭文增加了一些新的内容。大致可以分成8种类型。例如：

1. 仅记死者的姓名，如："卫奴"、"龚伯"。

2．记录死者的身份与姓名，如："无任谢郎"、"五任冯少"。

3．记录死者的籍贯地名与姓名，如："汝南成甫戴路"、"南阳宛陈便"。

4．记录死者的籍贯、刑名与姓名，如："梁国下邑髡钳赵仲"。

5．记录死者的身份、籍贯、刑名与姓名，如："无任河南洛阳髡钳金陵"。

6．记录死者的身份、籍贯、刑名与姓名以外，还注明死者的死亡年月，如："无任河南洛阳髡钳陈巨元初六年闰月四日物故死"。

7．记录死者的身份、籍贯、刑名与姓名，注明死亡年月，并说明死（尸体）"在此下"，如："无任南阳武阴完城旦捐祖永初元年七月九日物故死在此下"。

8．最为完善，除记录死者的身份、籍贯、刑名与姓名，注明死亡年月以外，还说明死因，有些说明"官不负"。如："右部无任勉刑颍川颍阴鬼新范雍不能去留官□致医永初元年六月廿五日物故死在此下"，"右部无任沛国舆秋司寇周捐永初元年六月十一日物故死在此下官不负"。

从目前的出土情况来看，刑徒砖主要出土于东汉首都洛阳附近，而在西汉首都长安附近发掘的西汉刑徒墓中尚未发现类似的器物，据此推测，可能在西汉还没有形成这种风气。这些刑徒砖虽然与后来定型的墓志还有很大距离，但是它们的埋设目的与墓志基本相同，对墓志的产生与普遍使用有直接的影响。

但是，我们应该注意到，在秦汉时期的官吏及平民百姓的墓中几乎没有发现过与刑徒墓砖铭类似的铭刻。这里说几乎，是在东汉中期以前的墓葬中根本没有这样的器物，东汉中期以下，现在也仅发现了缪宇墓志等有限的几件墓中石刻。至于砖刻，只有 1990 年在河南偃师城关北坞村东汉墓中出土的一件墓砖铭。它出土于墓的前室入口处，方形，正面磨光，每边长 0.4 米，厚 0.05 米。砖面上阴刻隶书 6 行，每行 6 至 8 字。出土时原砖断裂，后半部漫漶严重，铭文可以释读为："永平十六年四月廿二日姚孝经买槁伟家地约亩出□有名者以券书从事□中弟□周文功□"。这件砖刻也被发现者定为墓志，并且说这是中国目前已知的年代最早的墓志[310]。但是从它的铭文中提到"买"、"以券书从事"等内容来看，它更可能是一件墓主购置墓地的买地券书，而不是墓志。

是不是那时除了刑徒之外，其他人的墓中都不使用文字来标记墓葬呢？如果我们把这一时期的墓中随葬器物汇集起来加以分析，就会发现，在秦汉时期的墓葬中，有很多带文字的器物可以起到标志墓主身份的作用，例如死者身上佩带的官私印章、随葬的宗教用品（像告地状、解除陶瓶、铅券等）；又如覆盖在棺柩上的铭旌、刻在石棺柩上的柩铭以及画像石墓中的题刻等等。它们都可以起到标志墓主身份姓名的作用。从而说明当时已经有意无意地在丧葬仪式中给墓主做了标志。通过它们，可以推断当时已经出现了在墓中标志墓主的社会习俗。

随葬官私印章的习俗可以上推到春秋战国时期。曹锦炎《古玺通论》一书引用大量古代文献与出土实物考证，认为"对春秋时玺印的普遍使用，已不用怀疑"。当时人们把印章作为重要的凭信，随身携带，既用于日常的文书符契上，又可以用它证明自己的身份。死后，就将印章系在腰带上随同下葬。所以这一时期的墓葬中出土了相当数量的官私名印。自然，它可以表明墓主的身份姓名。汉代墓葬中出土印章的现象更为普遍，如在长沙地区西汉墓葬、广州南越王墓、徐州汉墓中，都发现过大量官私名印。

而从秦汉墓葬出土的宗教用品中，我们可以看到另一种标志墓葬主人的动机，那就是向地下的神祇申报墓主姓名。

丧葬是人类生命的终点，也是宗教与人类未知世界的起点。对死亡的恐惧与对死后的种种幻想，是造成人类原始宗教产生的一个重要起因。所以在古代的丧葬过程中都充满着宗教色彩，古代原始宗教的多神崇拜，在汉代的丧葬过程中表现得最为明显。例如，在西汉的早期墓葬中，我们就见到一些书写在简牍上的文书——告地状。像湖北江陵凤凰山 168 号西汉墓中出土的一件木简，简文为："十三年三月庚辰江陵丞敢告地下丞，市阳五大夫燧之言，与大奴良等廿八人，大婢益等十八人，轺车二乘，牛车一辆，骈马四匹，駠马二匹，骑马四匹。可令吏以合事，敢告主。"[311]根据墓中出土器物与墓葬形制，结合简中的"十三年"，可以判定它是西汉文帝时期的遗物。又如江苏邗江胡场 5 号汉墓出土的一件木简告地状，简文为："卅七年十二月丙子朔辛卯，广陵官司空前丞［龙？］敢告土主。广陵石里男子王奉世有狱事。事已复，故。郡乡里遣自移诣穴。卅八年狱计承书从事，如律令。"[312]根据当地的墓葬形制特点与出土器物，可以断定它是西汉前期的墓葬。

从这些简文中，我们可以看出它们是写给地下的鬼神（如土主、地下丞）的。其性质是一种由墓主随身携带的从阳间到阴世去的通行证，虽属虚妄的宗教迷信用品，但是它行文的目的十分明确，态度也非常虔诚，反映出当时把人死后归去的阴间看成具有如阳世一样社会结构的宗教观念。阴间在统辖社会的神——土伯的下面，同样设有各级官吏管辖死者。死者身带告地状，表示将死者的户籍与随葬器物移交给地下官吏。这套手续完全是从阳间世界套用的概念，告地状的行文也完全仿效阳间的官方文书。我们试将出土的秦汉时期官司符传、文书与这些告地状比较一下，就可以看出这种明显的仿效特点。请看以下几个实例：

湖北江陵睡虎地出土的秦代竹简中有一批当时的官府文书底本。其行文格式如《语书》："廿年四月丙戌朔丁亥，南郡守腾谓县道啬夫……以次传，别书江陵布，以邮行。"[313]。甘肃居延汉代烽燧遗址曾经出土大量汉代简牍。其中一件符传的文体是"永光四年正月己酉，橐他延寿燧长孙时符。妻大女昭武万岁里□□，年卅二"。"子大男辅，年十九岁。子小男广宗，年十二岁。子小女足，年九岁。辅妻南来年十五岁，皆黑色。……"[314]对比之下，可以看出：告地状的文书格式、内容与一些常用的词语都与实用的官司文书基本相同。只是把官司文书中的阳间官府各级官员改换成了宗教崇拜中的"土主"、"地下丞"、"主藏郎中"等地下官吏。这种严格仿照实用文书制作随葬品的作法，应该说明这种随葬品还是处于刚刚产生的原始阶段。例如在汉代出现的买地券，早期完全仿效社会上实用的买地券约。发展到以后就逐渐变成了完全虚拟的丧葬专用品，文体和内容都与实用的券约不一样了。告地状目前仅见于西汉的墓葬中，从它的原始性可以推测，它大概就是在秦汉时期才开始出现的。

当然，告地状属于宗教用品，在形制与内容上与墓志没有直接的联系。这里特别提到这一类器物，是要通过它说明：汉代已经存在这样一种习俗，即在墓中放入一些说明墓主身份、姓名的文字铭刻，向地下神祇通报，或者说是向地下神祇转交户籍。这种习俗也需要在墓中标志墓主。那么，这种要求也会影响到墓志的产生。

此外，在汉代的葬俗中，还发现了其他一些由丧葬礼仪决定的墓中文字铭刻。如东汉时期的墓葬中曾经出土了覆盖在棺枢上的铭旌。50 年代末期，在甘肃武威磨嘴子汉墓中发现了几件麻质铭旌，上面书写有文字，如：22 号墓出土铭旌："姑臧渠门里张□□之枢。"23 号墓出土铭旌："平陵敬事里张伯升之枢，过所毋哭。"1957 年在磨嘴子汉墓中还发现过一件铭旌，上面的铭文是：　"姑臧北里阖道里壶子梁之［枢］。"[315]

这些墓葬的主人大多是普通平民，这种在墓中放置铭旌的作法可能是当时一般人丧葬礼仪中常有的事。只是由于布质的铭旌不易保存，在考古发掘中发现得不多。《仪礼·士丧礼》记载："为铭各为其物，亡则以缁长半幅，赪长终幅，广三寸。书铭于末曰：某氏某之枢。"武威磨嘴子汉墓出土的铭旌正与《仪礼》记载的内容相同，说明这正是当时通行的礼俗。

这种记录死者籍贯姓名的铭旌在埋葬前的奠祭仪式中树立在死者棺枢前，棺枢入墓时把它取下来覆盖在棺上。随从死者埋入墓中。如《仪礼·士丧礼》记载："祝取铭置于茵。"疏云："释曰：初死为铭，置于重。启殡，祝取铭置于重。祖庙，又置于重。今将行，置于茵者。重不葬，拟埋于庙门左。茵是入圹之物，故置于茵也。"说明铭是要在葬礼后埋入墓中的。此种礼仪的历史可能早到先秦时期。湖南长沙马王堆 1 号汉墓出土过一件覆盖在棺上的 T 型长帛画，遣册中称为"非衣"。它的用途可能与此相同，也是一种铭旌，但是里面的宗教色彩更浓，表达了祈求死者升入天堂的愿望。以前在长沙等地还发现过类似的战国帛画。"非衣"上面没有文字，以图画为主，它转变成用文字表达以后，更加突出了标志死者身份的意义。

西汉末年兴起的画像石墓葬形式，是在帝王专用的黄肠石墓形制基础上产生的较为普遍的石室墓葬。它为石质葬具进入社会葬俗打开了道路。首先是在画像石墓的构筑石件上出现了刻有墓主官职姓名与葬年等字样的题记。例如河南唐河出土的新莽始建国天凤五年（18年）十月十七日冯孺人画像石题记："郁平大尹冯君孺人始建国天凤五年十月十七日癸巳葬。千岁不发。"题记刻于墓中主室的中央石柱上[316]。陕西绥德出土的东汉"永元十二年四月八日王得元室宅"画像石题记，刻于墓中主室后壁立石上[317]。这些题记作为画像石的附属题铭出现，并不是主要作为墓志使用，也不是很普遍的现象。但是它却是在墓中较早出现的成篇石刻铭文，开创了在墓葬中使用石质文字铭刻的先例。

古代文献记录了汉代使用柩铭的事例。杨树达先生《汉代婚丧礼俗考》二章五节"棺已盛尸为柩，柩上书死者之官职姓名"一句下引《汉书·薛宣传》云："其以府决曹掾书立之柩以显其魂"。《庄子·则阳》记载："（卫灵公死）卜葬于沙丘而吉。掘之数仞，得石椁焉。洗而视之，有铭焉，曰'不冯其子，灵公夺而里之'。"《太平御览》卷五五二引《博物志》云："汉滕公薨，公卿送至东都门。四马悲鸣，掊地不行。于蹄下得石椁，有铭曰：'佳城郁郁，三千年，见白日，吁嗟滕公居此室。'"又《太平御览》卷五五一引《异苑》云："海陵如皋县东城村边海岸崩，坏一古墓，有方头漆棺，以朱题其上云：百七年堕水，元嘉二十载三月坠于悬瓠。"这些南北朝以前的文献记载，虽然搀杂有神异迷信的成分，但是仍然反映出汉代已经有了在棺椁上刻写椁铭的习惯，从《庄子》的记载来看，甚至可以说战国时期就有了这种习俗。现存实物有在四川芦山出土的东汉建安十六年（211年）王晖石棺。石棺的棺首刻有妇人掩门画像，右侧刻写铭文，反映了汉代的椁铭原状[318]。《隶续》卷二十中还记载了汉永初七年（113年）延年益寿椁题字。这些可能也是石棺椁上的刻铭。晋代的椁铭现在还保存有实物证明。如晋太康三年（282年）十二月三日冯恭石椁题字。刻在石椁外部的铭文为："晋故太康三年十二月三日己酉，赵国高邑导官令太中大夫冯恭字元恪。"又如晋元康三年（293年）八月十七日乐生之椁铭"阳平乐生之椁"等。

需要注意的是，虽然椁铭与墓志是两种不同类型的器物，但是晋代的一些椁铭却改变了以往的形制，不再刻在石棺椁之上，而是刻成一块单独的小型碑石，虽然其铭文仍然自称"某某人之椁"，可是它与棺椁并没有什么直接关系，外形也向墓碑与墓志靠拢。以至在以前的金石著录中，人们也将它们作为墓志一类看待。例如晋元康六年（296年）贾充妻郭槐椁铭，外形像一座圭首的小型立碑，高0.76米。宽0.312米，与同时期的另一件晋永平元年（291年）二月十九日徐君夫人管氏墓碑相似[319]。这件徐君夫人管氏墓碑虽然自铭为墓碑，但却出土于墓中，应该也是作为墓志使用的。又如安徽寿县出土的晋元康元年（291年）六月十四日蒋之神椁，同样是刻成小碑形[320]。洛阳古代艺术馆收藏的晋元康三年（282年）十月十一日裴祗椁铭也是一件单独的刻石。此外，晋元康八年（298年）魏雏椁铭是一件附有两个小石柱的砖铭，高0.455米，宽0.21米。它们都与后来的墓志十分近似，或者就可以认为是墓志一类的器物了。

　　除此之外，东汉时期埋设于墓中的石刻文字还有些自称为
墓门、封记等。其内容也比较复杂。马衡先生《中国金石学概
要》第四章考证："墓门刻字者少而画像者多，传世一石，中
刻一鹿，左有题字三行，曰：'汉廿八将佐命功苗东藩琴亭国
李夫人灵第之门。'灵第即墓也。"（按：此石疑为伪刻）他还
在《石刻》一文中介绍了一件西汉左表墓门，并且认为"前面
说的左表墓门把死者官职姓名和年月详细记载，就是墓志的用
意"[321]。这些墓门应该是指砖室墓或者画像石墓的石制墓门。
在上面刻字的现象并不是很多见，可能还没有形成风气。这些
例证只是可以证明当时存在着标志墓葬的风俗习惯。

　　东汉时还有用砖刻写的墓门题字，如《广仓砖录》二册中
收录一件砖铭，文字是："汉议郎赵相刘君之墓门，中平四年
三月东平使作。"这块砖体积较小，不可能作为整个墓门使用，
很可能是用来砌筑墓门的。它的铭刻目的只是标志墓主，与安
徽亳县东汉末年曹操宗族墓葬出土的墓砖刻铭有相似之处。

　　墓记（又称封记）则和墓砖铭一样，是与墓志相近的石
刻。金石著录中记载的传世品有东汉延平元年（106 年）九月
十日贾武仲妻马姜墓记等。这些墓记用近似正方形的石版或砖
刻写而成，如 1929 年在洛阳北郊王窑村出土的贾武仲妻马姜
墓记，刻于红砂岩上，据郭玉堂当时所见，"似黄肠石，字刻
石端"。收购者"剖取其刻字一端，而弃其余"[322]。现存石长
0.46 米、宽 0.585 米，石面经琢磨，仍存凿痕。黄展岳指出：
"王窑村一带系东汉帝陵区，曾多次发现黄肠石和黄肠石刻，
马姜墓石为黄肠石无疑，马姜应是黄肠石墓。此墓石原来很
可能是嵌在墓室壁的明显部位。"[323]该石铭文共 15 行，约 200
字。它具有文体较为完备的铭文，专门为标志墓主制作，全

文为：

> "惟永平七年七月廿一日，汉左将军特进胶东侯第五
> 子贾武仲卒，时年廿九。夫人马姜，伏波将军新息忠成侯
> 之女，明德皇后之姊也。生四女，年廿三而贾君卒。夫人
> 深守高节，钧荣历载，育成幼媛，光□祖先。遂升二女为
> 显□节园贵人，其次适亭侯朱氏，其次适阳皋侯刘氏。朱
> 紫缤纷，宠禄盈门，皆□夫人。夫人以母仪之德，为宗族
> 之覆。□春秋七十三，延平元年七月□□□□。皇上□
> 悼，两宫□□，赐秘器以礼。□□□九月十日葬于芒门旧
> 茔。（下残）子孙惧不能章明，故刻石纪留（下残）"。

这件墓记铭文首先记载死者丈夫的卒年，然后叙述死者的
出身家世与子女情况，其中不乏赞美之辞，最后记载马夫人的
卒年、葬地，并且特别说明是子孙害怕后世不知道这是夫人的
墓，不了解夫人的德行，所以刻石记录，表明了专门用于纪念
的礼仪作用。这些文章体例与内容，与后代正式定型的墓志十
分相似。所以这些墓记可能就是最早的墓志，只不过当时不称
作墓志罢了。

另一件1908年在山东峄县马槽村出土的汉延熹六年（163
年）二月卅日□通封记，也有长篇铭文。由于漫漶严重，释读
存在一定困难。该封记高0.53米，宽0.49米，共近400字。
黄展岳曾认为它"开头标明是'［刊］石立碑'。碑文亦多作四
字句韵文，从末尾'直□万七千，二月卅日毕成'等字句看，
也有可能是祠堂题记，但决不是埋置在墓中的墓志"。由于该
石的出土情况与同出器物都没有记载，我们只能凭铭文本身对
它的性质加以推测。在铭文中，有以下几处涉及原石用途的词
语："故□石立碑"，"进念父恩，不可称陈，□作□丘封。曰

存祖夫，适□□祠，蒸尝魂灵"。"□为父作封□□□度博望
□□时工宪工□，功夫费凡并直□万七千"。虽然缺字较多，
不易通读，但是我们还是大致可以看出这是记述整个建造墓葬
的工程，包括封（坟墓）与祠（祠堂）。而"碑"，则是指本件
刻石，这可能只是一种习惯的称呼，因为从它的形制与大小来
看，都与东汉碑的一般情况相差甚远。黄展岳称它是祠堂题
记，是有道理的。但是，由于它也提到了"封"，因此也有可
能置放在墓室之中。

　　类似的标志墓葬的长篇铭文在近年来发现的东汉时期墓葬
中屡有出土，只是它们所刻写的位置不同，有些是单独的刻
石，有的刻写在画像石上，有的刻在砖面上，说明当时可能还
没有一种固定的石刻形制用于标志墓葬，而是随意为之。1982
年，在江苏邳县青龙山发现了一件东汉元嘉元年（151年）三
月廿日缪宇墓志。它刻写在墓后室石门上方画像石的画像旁
边，铭文为：

　　　　"故彭城相行长史事吕长缪宇字叔异。岩岩缪君，礼
　　性纯淑，信心坚明，□□□□备。循京氏易经□□□（中
　　残）恭俭礼让，思惠□□，□□告□，远近敬□。少秉里
　　□□府召退辟□□□执念闾巷□相□□□贤知命，复遇坐
　　席，要舞黑绯。君以和平元年七月七日物故。元嘉元年三
　　月廿日葬。"[324]

　　可以看出，这件铭文与上面的贾武仲妻马姜墓记一样，都
具有比较完备的文体，将死者的官职、姓名、籍贯与卒年都清
楚地记载下来，而且还对死者的生平事迹作了介绍与赞颂。这
些与墓志是十分近似的。发现者把它们称作墓志也是有道理
的。

1982 年，在江苏邳县青龙山的缪宇墓东南约 120 米处，发掘了另一座东汉合葬墓，还出土了一件延熹八年（165 年）□红夫妇墓记。这件题记刻写在墓后室石门的门楣上，隶书 17 行，共 240 多字。铭文记载了死者的姓名、官职、家世与夫人的卒年、葬年、葬地等，与贾武仲妻马姜墓记近似。说明当时这种标志墓葬的文体已经基本定型。

在这里我们需要再提一下汉代的画像石祠堂题记。河南南阳出土的东汉建宁三年（170 年）三月许阿瞿画像石题记（图一七）："惟汉建宁，号政三年，三月戊午，甲寅中旬。痛哉可哀。许阿瞿□年甫五岁，去离世荣。"[325] 以往被误认为出土于画像石墓，定为较早的墓志。黄展岳分析，它出土于三国时期的砖室墓，是后人移做它用的，原来应该是祠堂的石件。类似的祠堂题记还有山东嘉祥宋山安国石祠题记、苍山元嘉元年（151 年）石祠题记等。这些题记的铭文体例与上述缪宇墓记很近似。在东汉末年的画像石墓中还发现了刻在画像石上的简单墓记，例如江苏泗阳打鼓墩樊氏画像石墓，在墓中一件画像石边缘就刻写了"樊氏之墓"题记[326]。如果把它们联系起来，应该得出一条由墓上祠堂画像石题记到墓中画像石题记或墓室题记，再到墓记的演变脉络。如果此推测不误，那么，祠堂画像石题记对墓志的形成也应该起过一定的作用。

1991 年，河南偃师南蔡庄的一座多室砖墓出土了一件东汉建宁二年（169 年）肥致墓碑。墓碑出土于墓内的南侧室，晕首，高 0.98 米，宽 0.48 米，厚 0.095 米，隶书 19 行，满行 29 字，全文共 484 字。碑下有长方形碑座。碑座前面刻出三个并排的圆盘，每个圆盘中刻一个耳杯，象征祭祀的供品。碑额处刻写："孝章皇帝，孝和皇帝"，旁边的晕纹间刻有：

图一七　汉许阿瞿画像石题记

"孝章皇帝太岁在丙子崩，孝和皇帝太岁在己丑崩"。下面的碑文为：

"河南梁东安乐肥君之碑　汉故掖庭待诏君讳致字苌华，梁县人也。其少体自然之姿，长有殊俗之操，常隐居养老。君常舍之枣树上，三年不下，与道逍遥。行成名立，声布海内。群士钦仰，来集如云。时有赤气著钟连天，及公卿百辽（僚）以下无能消者。诏闻梁枣树上有道人，遣使者以礼聘君。君忠以卫上，翔然来臻，应时发算，除去灾变。拜掖庭待诏，赐钱千万。君让不受诏。以十一月中旬上思生葵。君却入室，须臾之顷，抱两束葵出。上问君于何所得之。对曰：从蜀郡太守取之。即驿马问郡。郡上报曰：以十一月十五日平旦，赤车使者来发生葵两束。君神明之验，讯彻玄妙，出窈入冥，变化难识。行数万里，不移日时，浮游八极，休息仙庭。君师魏郡张吴。齐晏子、海上黄渊、赤松子与为友生。号曰真人，世无及者。功臣五大夫雒阳东乡许幼仙事肥君，恭敬蒸蒸，解止幼舍。幼从君得度世而去。幼子男建，字孝苌，心慈性孝，常思想神灵。建宁二年太岁在己酉五月十五日丙午直建，孝苌为君设便坐，朝暮举门恂恂，不敢解（懈）殆（怠）。敬进肥君□（啜）顺，四时所有。神仙退泰，穆若潜龙。虽欲拜见，道径无从。谨立斯石，以畅虔恭，表述前列（烈），启劝童蒙。其辞曰：赫赫休哉。故神君皇，又有鸿称，升退见纪。子孙企予，慕仰靡恃，故刊兹石，达情理，愿时仿佛，赐其嘉祉。

土仙者，大伍公。见西王母昆仑之虚，受仙道。大伍公从弟子五人：田□，全〔云？〕中，宋直忌，公毕先风，许先生，皆食石脂仙而去。"[327]

众多研究者都认为这件石刻是早期的墓志。这样，就等于说东汉中期已经有了定型的墓志。然而我们如果深入考察一下碑文，结合发掘情况分析，就可以看出这不是墓志，而是一件类似神座的祭祀用碑。

首先，立碑人是肥致弟子许幼的儿子许建，他建造这座墓应该是用于埋葬他的父亲许幼。墓主是许幼，这座碑却全部是叙述肥致的生平事迹，自然就不是为标志墓主所做，也就不存在作为墓志的根本作用。

其次，碑立于墓中南侧室。按照汉代多室墓的一般情况，墓主应该安放在后室或主室中。侧室象征墓主在生宅院的旁屋，用作厨房、储藏室、妾侍及仆从的住室等。碑文也明确说出："孝苌为君设便坐。"《汉书·张禹传》："禹见之于便坐。"注云："便坐，谓非正寝，在于旁侧，可以延宾也。"很明显，许建正是把肥致的神位置放在墓中表示接待宾客的侧室中，即"设便坐"，表示他父亲对仙师的敬重，也表现他们对神仙的崇敬，希望得到仙人的保佑。这件碑与其说是墓碑，不如说是功德碑更为恰当。虽然墓中各侧室都出土了人骨，显示这是一座多人合葬墓。但在没有更多的证据说明肥致确实埋葬在这座墓中以前，我们不能轻易认定这座墓中埋有肥致以及他的多个弟子，也就不能轻易认定这座碑是早期的墓志。这样看来，汉代墓中最接近墓志的铭刻还是有限的几件墓记石刻。

综合以上介绍各种秦汉时期墓中铭刻器物的情况，我们可以看出，在秦汉时期的丧葬礼仪中，存在着用不同形式标志出墓主的习俗。这种标志墓葬的习俗与墓葬形制的改变，促使人们不断改进标志墓葬的器物，使之更加坚固持久，更加富有纪念性。墓志就是在这样的改进中逐渐形成的。只是它在汉代的墓葬中还没有形成一种统一的固定形制，所以才出现了名目众多、形制各异的柩铭、墓门、封记、墓记等多种石制品与砖制品。这是正式定型的墓志出现的前声。

以上主要讨论的是秦汉时期墓中铭刻的情况，下面需要就当时与墓葬有关的地上铭刻材料探讨一下造成墓志的另外两种因素：封建社会中官僚贵族礼仪制度的需要与追求名誉，歌功颂德之风的影响。

上文已经谈到，古代很早以来就存在着在墓上建立享堂的习俗，这种享堂应该就是古代礼仪制度的明显表现。很明显，不是任何人都可以建筑享堂的。只有掌握一定权力与财力的上层人物，才可能在自己家人的墓葬上兴建享堂，而且享堂的规模大小也受到权力与财力的约束，从而显示出一定的等级制度。这种建立在中国古代宗法制度基础上的等级制度在居住、饮食、衣冠、车马、婚姻、朝会、丧葬等等方面的具体表现，被古代儒家综合成一套完整的礼法。汉代，这种礼法已经十分完备，并由它规范着人们的社会行为。在丧葬礼仪制度上的表现，除了帝王的陵寝制度、官吏贵族修建享堂与墓园的制度外，还产生了在墓地树立墓碑、神道柱等石刻的制度。而墓碑的产生则对墓志文体与墓志制度的形成具有重大的影响。

西汉中晚期以来，随着生产力的发展，民间财富有所增加，而社会上的兼并之风，使得一批官僚贵族与大地主大商人手中聚集了大量财富。在"事死如生"与"厚葬为孝"的社会思潮影响下，大量财富被投入丧葬中，造成厚葬之风愈演愈烈。汉代的历史文献明确记载了这种社会风气。《盐铁论·散不足》云："今厚资多藏。器用如生人。""死以奢靡相高，……

厚葬重币者则称以为孝，显名立于世，光荣著于俗。故黎民慕效，至于发屋卖业。"《汉书·成帝纪》载永始四年（前13年）诏云："车服嫁娶葬埋过制，吏民慕效，寝以成俗。"《后汉书·光武帝纪》载建武七年（31年）诏云："世以厚葬为德，薄终为鄙，至于富者奢僭，贫者单财，法令不能禁，礼义不能止。"正说明厚葬风气给社会带来的问题有多么严重。汉代考古发掘的成果也表明，自西汉中晚期以来，以往以土坑墓为主的墓葬形式逐渐改变，砖室墓、石室墓等耗资巨大的考究墓葬形式大量出现，并且演化成画像石墓这样的大型石质墓葬。在地面上，则出现了相对应的丰碑巨碣。根据《水经注·颍水》的记载，北魏时尚可见到的东汉张伯雅墓地的状况是："茔四周垒石为垣，……庚门表二石阙，夹对石兽于阙下，冢前为石庙，列植三碑，……碑侧树两石人，有数石柱及诸石数（按宋本作兽）矣。"这就将汉代大型墓葬地面石刻的组合与布局介绍得很清楚了。这些墓地石刻，通过近代以来的考古发现已经基本上得到了证实。像天津市武清县东汉鲜于璜墓葬的发掘、北京市西郊石景山东汉幽州书佐石阙的发现等等[328]。

碑本身的最初作用就是歌功颂德。最早的石刻之一——秦始皇刻石就是用来赞颂秦始皇的赫赫功绩的。《琅琊台刻石》也写道："群臣相与颂皇帝功德，刻于金石，以为表经。"中国现存的石刻中，用于纪功颂德的碑记要早于墓碑出现。墓葬铭文当然会受到影响，大力宣扬墓主的功德品行。现存较早的汉代墓碑铭文就已以歌颂功德为主。如卒于东汉汉安二年（143年）的北海相景君铭中称："伏惟明府受质自天，孝弟渊懿，帅礼蹈仁，根道该艺，抱淑守真，晶白清方，克己治身，实柔实刚，乃武乃文。"[329]也有一些碑刻主要叙述死者的生平履历。例如永元四年（92年）闰月庚午司徒袁安碑，铭文为："司徒公汝南汝阳袁安召公授□孟氏。永平三年二月庚午以孝廉除郎中，四□十一月庚午除给事谒者，五年四月乙□迁东海阴平长，十年二月辛巳迁东平□城令，十三年十二月丙辰拜楚郡□守，十七年八月庚申征拜河南尹。□初八年六月丙申拜太仆。元和三年五□丙子拜司空，四年六月乙卯拜司徒。孝和皇帝加元服，诏公为宾。永元四年□月癸丑薨，闰月庚午葬。"[330]比较完整的汉代墓碑铭文，包括了这两部分，又附有韵文的铭。如延嘉三年（160年）十一月樊安碑：

"君讳安，字子仲，南阳湖阳人也。厥祖曰仲山父，翼佐周宣，出纳王命，为之喉舌，以致中兴，食采于樊，子孙世焉。亦世载德，守业不衍。在汉中叶，为生哲媛，作合南顿，实产世祖。征讨逆叛，复汉郊庙。而樊氏以帝元甥，显受茅土，封宠五国。寿张侯以公德加位特进，其次并以高声处卿校。侍中尚书，据州典郡，不可胜载，为天下著姓。君幼以好学，治韩诗、论语、孝经，兼通记传古今异义。甘贫乐约，意不回贰。天姿淑慎，禀性有直，秉操不移，不以凯贵。世政促峻，邑宰寡识，慢贤役德，被以劳事，然后慷慨激愤，宦于王室。历中黄门、冗从假史，拜小黄门、小黄门右史，迁臧府令、中常侍。其事上也，贞固密慎，矜矜战战，作主股肱，助国视听，外职不诬，内言不泄，为近臣楷模。是以兄弟并盛，双据二郡，宗亲赖荣。年五十有六，以永寿四年二月甲辰卒。朝思其忠，追拜骑都尉，宠以印绶，策书褒叹，赙赠有加。嗣子迁，实以幼弱，凤叙王爵，而丧所天，礼备复位。以延嘉三年冬十有一日，自上蒸祭，乃寻惟烈考恭修之懿，勒之碑石，俾不失坠。其辞曰：

> 肃肃我君，帝躬是翼。王事多难，我君是力。秉此小
> 心，以亮皇职。惟帝念功，庸以舆服。大命倾殒，魂神仙
> 伏。龟艾追迁，用光其德。蔼蔼遗称，作皇作式。勒铭兹
> 石，垂示罔极。勋名不辍，永昭千亿。"[331]

这种宣扬墓主功德品行的碑文在汉代逐渐形成了一种专门的文体。可以看出，它源于哀悼死者、表达纪念心情的诔文，又受到用叙述死者姓名籍贯履历的铭刻去标志墓葬这种社会习俗的影响。当它发展完善，成为定型的文体后，就被纳入礼仪制度的范围，成为上层社会经常使用的丧葬用品。汉代以来的礼仪制度都对碑的使用制度有具体的详细规定，说明墓碑已经成为社会等级的一种标志。这种用石刻来表示等级制度、体现身份高下的观念一旦形成，便长期没有改变。墓志的产生，与这些观念有密不可分的直接联系。特别是墓志的文体，直接承受了墓碑的文体形式。

东汉晚期，在墓地树立墓碑的风气在官僚士大夫阶层十分流行。有些文人甚至以擅长撰写墓碑铭文著名于世，如蔡邕就自称："吾为碑铭多矣"[332]。这种耗费财物的做法在战乱频繁、生计凋敝的东汉末年与魏晋时期自然会受到严重打击。根据文献记载，魏晋之际，官方废除厚葬，严禁立碑。《宋书·礼志二》记载："汉以后，天下送死奢靡，多作石室石兽碑铭等物。建安十年，魏武帝以天下凋敝，下令不得厚葬，又禁立碑。"晋武帝咸宁四年（278年），又下诏曰："此石兽碑表，既私褒美，兴长虚伪，伤财害人，莫大于此，一禁断之。其犯者虽会赦令，皆当毁坏。"在这样严厉的行政命令下，盛行一时的墓碑只得从地面上消失了。我们今日极少能见到魏晋时期

的私人墓碑，说明当时这些官方命令是被严格执行了。

墓碑不能兴建，但是在社会上已经形成了一套世代相传的丧葬习俗，形成了根深蒂固的用铭刻来标志墓葬的观念，这是不可能在短时期内改变的。于是，人们就更多地采用变通的方法，把文字铭刻转入地下。现在可以见到的一些考古发掘出土的魏晋时代墓中铭刻，大多做成缩小了的碑形，竖立安放在墓室中。例如晋太康八年（287年）王□墓志，原石制成小碑形[333]；晋元康九年（299年）二月五日美人徐氏之铭，制成长方形碑形（图一八、一九）[334]；晋太宁元年（323年）十一月廿八日谢鲲墓志，制成圆首小碑形，碑额有穿，下有覆斗形碑座[335]等等。

直至十六国时期,这种墓中的碑形墓志仍然流行。1975年,甘肃武威赵家磨村出土了一件比较罕见的前凉墓志。原石作碑形,高0.37米,宽0.265米,厚0.05米。圆首。碑额处题为"墓表"。是建元十二年(376年)十一月三十日梁舒及妻宋华墓表。梁舒的官职为"中郎中督护公国中尉晋昌太守"[336]。近年来,陕西咸阳市渭城区密店镇东北原又出土了一件十六国时期的后秦弘始四年(402年)十二月二十七日吕他墓表,原石形状也是带碑座的圆首小碑型,通高0.65米,原来树立在墓室中。碑额中央刻写着两个字:"墓表"。根据墓表铭文可知,吕他生前曾为幽州刺史,是地位较高的官吏[337]。

通过这些实例，起码可以说明十六国时期西北地区的一些官员中存在着这样一种丧葬礼俗，即在墓中安放小碑形状的墓表。对照晋代墓葬的情况，很明显，这种习俗应该是沿袭了晋代的丧葬制度。由此可见，晋代，在地位较高的官员墓中树立小碑的做法基本上形成了一定的制度，并且往往把这种小碑称

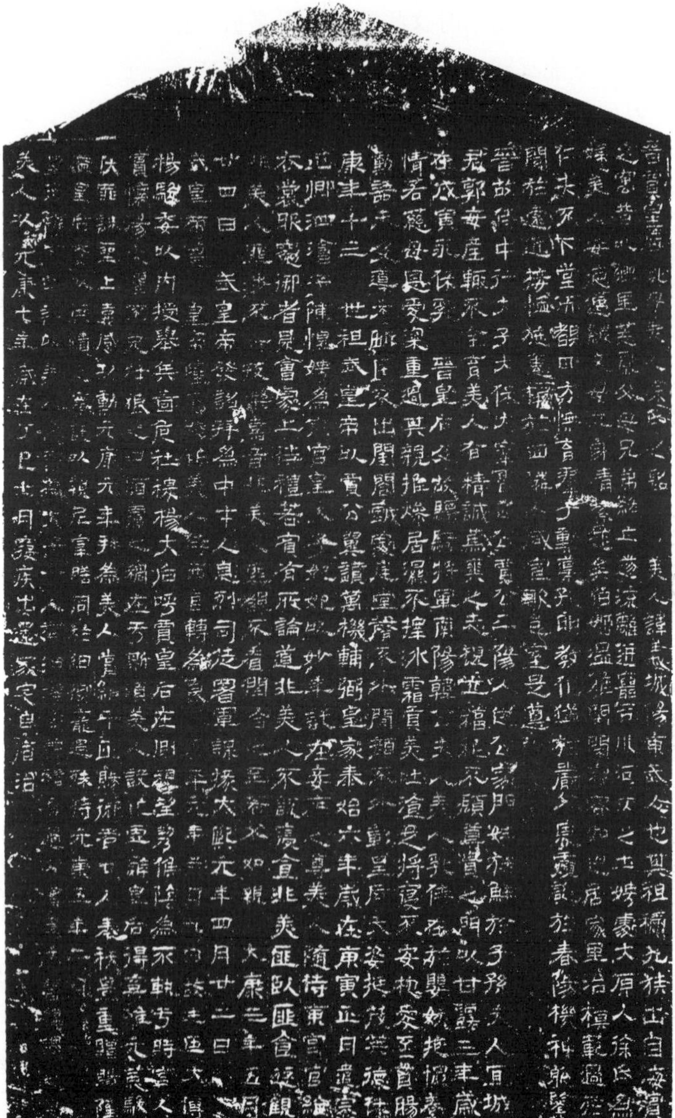

图一八　晋徐美人墓志（阳）

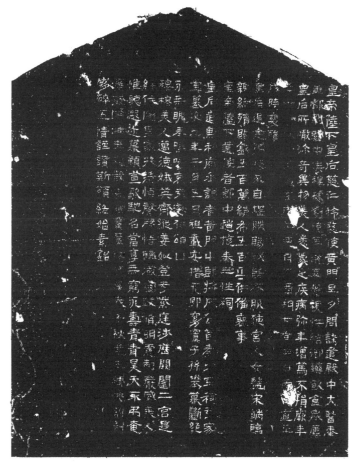

图一九　晋徐美人墓志（阴）

作墓表。墓志这种称呼在当时还没有出现。

　　传世文物中同样表现出这一变化倾向。罗振玉《石交录》卷二云："晋人墓志皆为小碑，直立圹中，与后世墓志平放者不同，故无盖而有额。若徐君夫人管氏，若处士成君，若晋沛国张朗三石，额并经署某某之碑，其状圆首，与汉碑形制正同，惟小大异耳。"根据郭玉堂《洛阳出土石刻时地记》的记载，上述管洛碑（墓志），1930年出土于洛阳北门外后坑村，成晃墓志1925年出土于洛阳东北9公里左寨西北。

这种仿照墓碑的墓志形制在南北朝时期还有所遗存。《石交录》卷三云："晋人志墓之文皆植立藏中。至六朝始平放。然仍间有植立者，若魏延昌四年之皇甫麟、孝昌二年之李谋、普泰元年之贾谨诸志，仍是植立如碑式。至元氏诸志中若永平四年元侔志亦然。……隋刘猛进、徐智竦、宁赟诸志尚是植立，唐志亦间有之。"此外，北魏太和二十三年（499年）韩显宗墓志也是小型圭首碑状，可能原来也是植立在墓中。又太和二十二年（498年）元偃墓志，赵万里先生《汉魏南北朝墓志集释》按云："志形长方，近下端处不镌一字，疑葬时直立圹中，如小碑之式。"正始四年（507年）奚智墓志，罗振玉《丙寅稿》中按云："此志如小碑之式，……乃植立圹中者。"

墓碑转入地下，自然要受到墓室狭小空间的限制，不可能再制作得像地面上的墓碑那样巨大。而且由于墓中铭刻的意义主要在于标志墓葬与表示某些宗教含义，不像墓碑那样主要用于向世人昭示死者的功德品行，也就没有必要把文字刻写得很大，更不必写入过多的赞颂词语。所以，开始转入地下的碑式墓志内容都比较简单。但是，墓碑的影响毕竟不可忽视，它在文体、刻制工艺、铭文内容等方面的特点都直接进入了墓志，对墓志的正式定型起到了关键性的作用。

这里需要提到1965年在辽宁朝阳市城北西上台发掘的北魏刘贤墓志，该志作小碑形，高1.03米，宽0.304米，厚0.12米，螭首，碑额刻写"刘贤墓志"四字，下有龟座。铭文中没有刻写年月，只是称："**魏太武皇帝开定中原，并有秦陇，移秦大姓，散入燕齐。君先至营土，因遂家焉。**"由此看来，刘贤墓志可能是北魏早期的石刻[338]。他的墓志使用碑形，应该是沿袭中原在晋代已经形成的丧葬习俗，但是又在碑额上写明是墓志，使墓志这一名称的出现可能比以前见到的刘宋刘怀民墓志还要早，标志着进入墓中的小碑已经正式称作墓志了，也说明碑与墓志有着文化上的密切联系。

从正式出现的名义来说，就现有材料中可以梳理出：墓记——➤墓表——➤墓志这样三个不同的古代墓中铭刻的名称。可以说它们代表了墓志在墓碑的影响下正式定型的三个步骤。

由于立碑形式不适于在墓中使用，所以，墓志很快就采取了类似墓砖铭、墓记那样的长方形及方形形状，平放在墓中。如洛阳出土的晋永宁二年（302 年）九月丙申傅宣故命妇墓志[339]。现存较早出现"墓志"这一名称的刘宋大明八年（464 年）正月甲申刘怀民墓志也是这样的方形石志。

刘怀民墓志与大致同一时期（北魏承平至和平年间，452～465 年）的刘贤墓志，标志着墓志这一名称的正式形成。在此之后，墓志的形状逐步向统一规范化发展。由单一的一块志石，加上了志盖，发展成吸收了覆斗形盒子外形特点的成盒墓志，而这种覆斗形的志盖，又具有象征天穹四方的意义，丰富了墓志的宗教方术内涵。就现有的墓志材料来看，有盖的墓志大约出现在北魏孝文帝迁洛以后。现知最早的有盖墓志如北魏正始三年（506 年）三月二十六日寇臻墓志，志盖上书："幽郢二州寇使君墓志盖"，说明当时已经形成了有志盖有志身的固定形制。这种形制在墓志中占了主要地位，做成碑形的墓志虽然还时有出现，但已经不能代表墓志的主流了。墓志的文体也基本定型，在当时的文学作品中成为一类专门的实用文体。从而使墓志成为主要的墓中铭刻，取代了其他各种墓中铭刻类型，从这时起，柩铭、墓门、封记、黄肠石刻等等墓中铭刻就基本上消失了。近1500年来，墓志的主要形制没有什么根本性的改变，可以说是中国古代文物中使用时间最长、最稳定的一大类型。

以上综合现有研究成果所得的关于墓志形成过程的分析，比较全面，符合出土材料与古代文献记载反映的实际情况，可以说已经解决了中国古代墓志起源的问题。

## （三）20世纪中有关墓志的研究与著录

本世纪中，关于出土墓志的研究成果数量庞多，研究方法也不断深化，由单独对一件墓志进行考证到对一批墓志进行综合研究。尤其是系统全面地了解某一时期墓志的内容，摘取专题材料，汇集整理，对照考古发掘情况与有关文献记载，进行综合性的深入研究，要比单独对一件墓志内容加以考证具有更大的价值，可以取得有益的收获，推动有关文物考古、历史文化等方面的研究进入更高的层次。因此，对于墓志的综合研究逐渐成为这一方面学术研究的新着眼点。

下面就近年来对墓志材料进行综合研究的主要成果，略作归纳。

对于南北朝时期王室与氏族大姓的综合研究：

在北朝墓志中，帝王家族成员的墓志占有较大的比重，它们对研究北朝王室状况极有裨益。赵万里在他的《汉魏南北朝墓志集释》中已经按照各支家族分别归纳排列，将世系加以恢复，考证了有关人士之间的关系，补充订正了古代文献的记录。这些研究成果，在上文已举例说明。而对了解在南北朝社会中极为重要的世族大姓的存在状况而言，墓志也是一种无法替代的重要实证。近年来，结合系统的世族墓葬的发掘，对有关出土墓志进行了综合研究，所获成果有助于深入研究这一专题。如对陕西华阴、潼关地区出土的华阴杨氏墓志的综合研究就是如此。

杜葆仁、夏振英考证了1949年以来在华阴与潼关出土的六件北朝墓志，包括：北魏永平四年（511年）十一月十七日杨阿难墓志、永平四年（511年）十一月十七日杨颖墓志、熙平元年（516年）九月二日杨播墓志、熙平三年（518年）二月杨泰墓志、神龟二年（519年）七月二十九日杨胤季女墓志、西魏大统十七年（551年）三月二十八日杨泰妻元氏墓志等[340]。这些墓志出土的地点都相距不远，显然是一个大的家族成员墓葬区。另外，清代以来，华阴还出土过熙平元年（516年）十一月二十二日杨胤墓志与永平四年（511年）十一月杨范墓志[341]。这些墓志记载的内容，可以反映出秦汉以来直至南北朝时期的华阴杨氏家族谱系。结合《魏书》、《新唐书·宰相世系表》等文献的记载，排列出在秦汉至南北朝时期一直声名显赫的华阴杨氏这一大姓的主要成员世系：从秦代起，第一代杨章。第二代杨苞、杨朗、杨款。第三代杨硕。第四代杨鸧、杨奋、杨魋、杨倓、杨熊、杨喜、杨颥、杨魋。第五代杨敷。第六代杨胤。第七代杨敞。第八代杨忠、杨晖。第九代杨谭。第十代杨宝、杨并。第十一代杨震、杨衡。第十二代杨牧、杨里、杨秉、杨让、杨奉。第十三代杨统、杨馥、杨赐、杨敷。第十四代杨奇、杨彪、杨众。第十五代杨亮、杨修。第十六代杨柄、杨骏、杨珧、杨济。第十七代杨超。第十八代杨结。第十九代杨珍、杨继。第二十代杨仲真、杨晖。第二十一代杨懿、杨佑、杨恩。第二十二代杨播、杨椿、杨颖、杨顺、杨津、杨昕、杨阿难、杨舒、杨胤、杨钧。第二十三代杨深、杨侃、杨昱、杨范、杨叔良、杨辩、杨仲宣、杨测、杨稚卿、杨遁、杨逸、杨谧、杨遵彦、杨元让、杨暄、杨穆、杨俭、杨宽。第二十四代杨师冲、杨纯陀、杨孝邕、杨泰、杨敷、杨文升、杨文休、杨文异、杨文伟、杨文纪。第二十五代杨熙之、杨睿秀、杨睿景、杨睿和、杨睿弼、杨睿邕等。此后，华阴还出土了熙平二年（517年）九月二日杨舒墓志，进一步证实了有关世系[342]。表现出北魏时期汉族门阀士族的巨大影响。此外，还可以通过墓志了解杨播受魏宣武帝的舅舅高肇陷害、除名为民的真实原因以及昭雪的经过，借以补充《魏书》的记载。

　　需要指出，对于这样的大型家族墓葬区，应该结合考古发掘情况进行更多样的综合性研究，如对墓葬的排列情况、墓葬形制的演变情况加以分析，用对人骨的鉴定以及DNA测定等与现代高科技结合的研究方式来考察世族大姓的血缘传统及其分布情况，从而探讨家族的兴衰与流布、民族的融合与迁徙、社会的演变等有关问题。由于有了墓志的明确实证，这些墓葬墓主的身份与相互关系可以得到确定，这给以上考古学综合研究奠定了便利的基础。但是目前在这方面做得还很不够，希望今后能有条件向这些方向努力。

　　同样的研究专题，在南朝的墓志中也有所反映。罗宗真通过近年出土的刘宋元徽二年（474年）明昙憘墓志、梁普通二年（521年）辅国将军（佚名）墓志等南朝墓志，分析南北士族关系，指出："掌握朝政和控制社会势力的世家大族，为了本身利益，还互通婚姻，南北兼仕。他们企图牢固地把整个统治权利，世代掌握在自己手中，形成一个打破南北界限的门阀家族官僚系统。"[343]明昙憘墓志就是一件反映南北士族联姻的重要材料，其家七代与当时平原、清河、渤海诸世家大族相互通婚。明昙憘的父亲明歆之，岳父为刘奉伯，是宋青州治中、员外常侍刘昶的儿子。刘奉伯的儿子刘乘民又是明昙憘的岳父。刘氏在南朝为大姓。明昙憘祖父明俨的岳父崔暹，则是北方清河大族。崔暹的儿子崔瓒是北魏冀州刺史。他们一家与明氏也是世代通婚。辅国将军墓志大部分残泐不清，仅知道墓主是琅琊临沂人。其曾祖谟，魏尚书左丞、司徒左长史，祖绩，冀州刺史、□淮定侯，父斌，本州别驾。其祖母崔氏，母亲张氏。墓主的女儿嫁给清河崔缓。"这个家族与清河大族崔氏、张氏通婚联姻，也是南北兼仕，数代重亲。"由此可以看出在南北朝社会中举足轻重的门阀制度于墓志内表现得多么充分，这对于深入了解当时的社会状况颇有裨益。

通过墓志记载对南北朝地理的研究：

墓志记载了墓主所葬地点的当时名称与行政区属，这是考察历史地理的重要参考资料。历代金石著作的考跋中，具有相当数量的有关地理考证的内容。这些内容至今仍是古代墓志考证的一个重要方面。而将大量同一地区出土的同一时期的墓志加以综合，汇集有关内容，将对历史地理的研究考证工作多所补充，并解决一些仅靠文献记载或仅靠考古发掘都无法彻底解决的问题。

通过南京出土的东晋、南朝墓志考察南朝侨置琅琊、临沂等行政区划，就是这种研究的一个例子。东晋的咸康七年

（341年）七月二十六日王兴之墓志、升平二年（358年）三月九日王闽之墓志、升平三年（359年）九月卅日王丹虎墓志等王氏墓志在南京象山一带出土，反映了这里是一个琅琊王氏的家族墓地。结合文献中有关东晋著名丞相王导墓葬所在地与朝廷赐给王导田地的记载，可以确定南京象山一带是南朝时期王氏的祖茔所在。另外一个明显的家族墓地例子是老虎山一带的颜氏家族墓葬，这里出土过永和元年（345年）九月颜谦妇刘氏墓志等。这些墓志的出土，通过其所在地与墓志记载的当时地名，佐以文献记载，与南京地区其他有关东晋、六朝时期的发现结合，可以进一步了解当时南京地区的侨置郡县情况，并且为侨置郡县由附着于当地原有郡县转变为独立实体的变化提供证据。利用墓志与古代文献深入探察，可以大致确定侨置琅琊、临沂的范围界限。如梁普通二年（521年）八月七日辅国将军墓志称"窆于琅琊郡临沂县"，该墓所在地燕子矶，北临长江，应该是标明了临沂县的北界。宋元徽二年（474年）十一月二十四日明昙憘墓志，梁天监元年（502年）十一月一日萧融墓志、天监十三年（514年）十一月十日萧融妻王纂韶墓志、普通元年（520年）十一月二十八日萧敷墓志等都出土于栖霞山至甘家巷一带，墓志中称葬于临沂，说明这一带至南朝晚期仍是临沂属地，表现出临沂的东界。而老虎山一带的颜氏墓地，证以文献，记载颜氏在南朝时聚居在幕府山西南。今老虎山至北固山一带，就是南朝时被称作白下的白石垒附近。这里应该是临沂的西界[344]。

有关隋唐时期都城的研究：

隋唐时期都城的布局与建筑状况，是这一时期考古学研究的重要内容。除对唐首都长安、东都洛阳、扬州等都市的实地考古发掘调查外，通过隋唐墓志记载的死者生前所居坊里与葬地乡里名称，与墓志出土地点对照考察，结合历史文献的有关记载，可以为正确了解唐代都城的布局及其行政区划提供有力的证据，丰富对唐代都城的认识。现在将墓志材料综合起来研究唐两京及其他城市，已经证实元《河南志》与清《两京城坊考》的记载基本符实，并且通过墓志记载，恢复了一些两京郊区乡里的名称，确定了它们的位置。对于洛阳城坊的具体数字、城坊的布局与行政管辖情况也可以通过墓志加以探讨[345]。例如从洛阳出土的墓志中，可以找到大多数唐代洛阳城坊的名称，通过与文献对比，纠正过去的失误，并且可以找到一批史料中未曾确载的城坊名称，从中涉及到一些有关城坊制度和唐代洛阳情况的问题。这对于唐代洛阳城址的复原有所裨益。

　　古代文献中对于唐代洛阳城坊的数量记载不一，如《大业杂记》云"洛南有九十六坊、洛北有三十坊"。《唐两京城坊考》记载"凡坊一百十三，市三"。《旧唐书·地理志》云："街分一百三坊、二市"。中国社会科学院考古研究所洛阳工作队在复原唐洛阳城时，认为有 109 坊、二市。但是从墓志记载中，可以找到大量为《唐两京城坊考》等文献不载的坊里名称。如乐城坊，见于开元二十年（732 年）十一月二十一日杜孚墓志、大中四年（850 年）十月五日张汶墓志等，说明唐代始终存在着乐城坊，而这一坊是被前人一致认为在元代误加入的名称。其他新发现的坊里还有：建春、徽安、里顺、遵教、万岁、行修、隆化、弘敬、感德、邻德、牵善、上善等。这些坊有些可能是因避讳改名，或因地理情况改动而改名，但是也可能有以前失载的名称，这样，唐代洛阳城坊的数量就可能超过 109 坊，甚至超过 113 坊。

　　我们还可以凭借墓志记载对唐代洛阳城内洛阳、河南两县的县界加以划分，看到在洛河以北，以瀍水为界，在洛河以南，以长夏门东第三街为界的情况。

　　对幽州城的研究也取得了一定成果，通过北京地区出土的大量墓志，已经可以判断唐代幽州城的四至，确定其位置，并搜集到大量幽州城坊的名称。对幽州所属蓟县、幽都县下面乡、村的情况，也可以作出大致的判断[346]。

　　通过扬州一带出土的唐代墓志及其葬地，可以了解到扬州江都县有嘉禾乡、彭城乡、永丰乡、章台乡、归义乡、兴宁乡、同化乡等乡一级行政区域的设置，以及赞贤坊、驯翟坊、善膺坊、尚义坊、通闹坊、雅俗坊、来凤坊、怀德坊、长寿里、风亭里、仁风里、鸣琴里、来凤里、蜀岗里、善膺里、赞贤里、尚义里、赵墅里、建义里等坊里设置。江阳县有嘉宁乡、邗沟乡、仁善乡、清宁乡、江津乡、权创乡，以及道化坊、临湾坊、崇儒坊、太平坊、布政坊、会义坊、弦歌坊、仁风坊、文教坊、北道化坊、庆年坊、集贤里、德政里、育贤里、瑞芝里、太平里、千秋里、廉政里、会义里、陆游里、延喜里、布政里、金檀里、仁风里、弦歌里等。由于坊是城区内划分的行政区域，因此，这些坊名可以表现出扬州江都、江阳等县的繁华程度及较大的城市规模，同时有助于了解唐代扬州的乡里情况。结合出土情况，吴炜考证出，"江阳县县偏东，位于运河的南岸，是唐代繁华的商业区，其北以邗沟故道为界，其西以螺丝湾桥、玉带河和城内漕河为界，同江都县接壤。江阳县乡的分布自东向西依次为江津乡、权创乡、邗沟乡。邗沟乡之南分别是仁寿乡、嘉宁乡和清宁乡。江都县大部分居蜀岗之上，是官府衙门的集中之地，其东北面分别为归义乡、章台乡、同化乡，西北面是永丰乡，西面是兴宁乡，一小部分在蜀岗下面，有嘉禾乡、彭城乡等"[347]。

即使仅从墓志发现的上述坊里名称中，也可以看出唐代扬州的繁荣奢华与发达的文教状况，正可以与文献的有关记载互为印证。

对唐代门阀世系与婚姻状况的研究：

唐代社会最看重的是婚姻与仕宦这两件事。而唐代墓志也是以记载死者家族婚姻与祖先世系、官职的详细情况为主。这些内容对于了解唐代社会政治生活中至关重要的世族门阀制度与通婚状况具有十分重要的价值。从汉代开始，中原社会就逐渐形成了士族大姓这一重要的社会阶层，其动向往往决定着社会的兴衰。唐代社会中，士族的影响仍然不可忽视。名门大姓出身的官员在中央到地方的各级官府中占有重要地位，形成了一股特殊的社会力量。他们的活动，直接影响着唐代社会的走向。通过对大量墓志中门阀世系记载的汇集与研究，不仅可以补充与校正《新唐书·宰相世系表》等古代文献记载的唐代门阀状况，而且可以深入了解唐代社会各大门阀之间的相互关系、各大姓的兴衰、大姓与其他统治集团之间的矛盾与斗争等重要历史问题。墓志所反映的婚姻状况，如选择门第、姑舅连姻、冥婚、择偶条件、离婚、再娶等等，对认识唐代社会生活颇有裨益[348]。

《新唐书·宰相世系表》是二十四史中惟一记录帝室王侯之外谱系的巨型人物表谱，共收入了唐代宰相 369 人（沈炳震《唐书宰相世系表订讹》计算为 358 人），凡 98 姓的世系，记录唐代人物数万名。其中许多人物及其字号、官爵是两《唐书》的纪传以及其他唐代文献中不曾记录过的。它对于有关唐代的研究具有重要的参考价值。但是，由于脱落与传抄错误，《新唐书·宰相世系表》中存在着相当多的错误。为了纠正错误，使之可靠实用，自从宋代以来，学者就不断地进行纠正该表错误的工作。如宋代吴缜《新唐书纠谬》，清代钱大昕《廿二史考异》、王鸣盛《十七史商榷》等。自清代末期唐代墓志大量出土公布起，唐代墓志就成了补正《新唐书·宰相世系表》的最可靠的材料，从而极大地纠正了该表的谬误。罗振玉在他的《新唐书宰相世系表补正》一书中就主要引用清末民初时期公布的出土唐代墓志材料补充与订正《新唐书·宰相世系表》，纠正了大量原书的谬误。

　　近年，中华书局出版了笔者在前人考证基础上汇集编写的《新唐书宰相世系表集校》一书，全面反映了迄今为止对《新唐书·宰相世系表》的校勘研究成果。其中大量订正与补充的工作都是建立在出土的唐代墓志材料（尤其是近 50 年出土的墓志材料）基础上的。借助出土墓志，可以解决原书存在的世次舛谬、名字错误、官爵与文献记录不符、兄弟雁序混淆颠倒、子孙误增减、世次脱落误附他系等问题。以下摘取《新唐书宰相世系表集校》中的一两个校勘例证，借以说明唐代墓志在考证世系中的重要作用。

　　《新唐书·宰相世系表二》郑州崔氏下有：

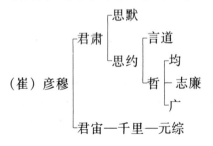

　　根据出土墓志，"开元七年闰七月五日《大唐故朝议郎行歧王府西阁祭酒崔（□祖）府君之志铭》（千唐志斋藏志）云：'君□□祖，字同颖，其先清河东武城人也。曾祖君肃，隋任职方侍郎、太子内舍人、司□□□、工部侍郎，唐银青光禄大夫、襄州刺史、赠鸿胪卿。祖思约，□任左千牛、皇朝太常寺丞、祠部郎中、曹王府长史，使持节璧、复、和三州刺史。父言道，皇朝任北门直长，辟校内供奉、尚舍直长、沛王府主簿、豫州长史、代州长史、岳州刺史、淄州刺史。嗣子日用等。'据此志可补《新表》载君肃、思约、言道官职及言道子□祖，孙日用（此日用与相睿宗、玄宗之崔日用同名）。又知君肃仕隋、唐两朝"。

　　"又久视元年十月廿八日《大周故太中大夫行并州盂县令崔（哲）府君墓志铭》（见《芒洛冢墓遗文》五编卷四）云：'字能仁，清河东武城人。魏司空林之十一代孙。曾祖彦穆，周金紫光禄大夫，聘齐、陈二国大使，金、安、襄三州刺史，千乘公。祖君肃，□黄门侍郎，秦王府长史，使持节襄州诸军事襄州刺史，赠鸿胪卿。父思约，祠部郎中，璧、复、和三州刺史。'志称林十一代孙，据《新表》所排世系，不计林本身为十一代。又开元三年十月二十二日《故中散大夫并州盂县令崔府君夫人源氏墓志铭》（见《芒洛冢墓遗文五编》卷五）云：'长子曰均，并府仓曹；次曰廉，曹州长史；次曰忱，同州司仓；次曰恽，安府兵曹；次曰志诚，兴宁陵令。'志载崔哲五子中无广。"

　　"又开元廿□年四月廿三日《故河南府新安县丞清河崔（谌）公墓志铭》（北京图书馆藏拓）云：'字贸，本清河人，今家管城焉。曾祖君宙，中书舍人。祖千里，贝州长史。考元绪，寿州司马。故相元综，公之伯父也。常乐县主，公之先姊也。有子四，曰：明、朋、倡、昭。'《新表》不载元绪一支，可据志文补。"

"又开成三年四月丁酉《唐故崔夫人墓志》（周绍良先生藏拓）云：'（夫人）讳霞，字幼云。五代祖黄门侍郎讳元综。黄门生陵州司马讳令同。陵州生伊阙令讳琚，伊阙生泽州刺史讳倬，泽州生美原尉讳亮。夫人即美原之第二女也。'此志载元综子令同以下世系可补《新表》之阙。"

魏晋南北朝隋唐时期的士族门阀问题，一直是研究中古社会历史的学者们十分关注的重点，而婚姻又是门阀士族最为看重的社会问题。中古时期士族门阀之所以形成，除去政治、经济、外族入侵的压力等外部条件以外，主要凭借中华传统文化与血缘宗法家庭这两项内因维系，而尊卑嫡庶分明的宗法等级礼法和门第相当的大族通婚又是支撑士族门阀数百年不坠的根本柱石。因此，这一时期的大族特别重视婚姻关系。《通志·氏族略一》："自隋、唐而上，……家之婚姻，必由于谱系。"唐代墓志特别注重记载家族世系和通婚关系，尤其是大姓成员的墓志，经常详细记载三世、五世祖先的情况以及婚姻关系，这就为了解这一时期士族的通婚状况提供了极好的可靠资料。

台湾中央研究院历史语言研究所毛汉光的《中古大族著姓婚姻之研究——北魏高祖至唐中宗神龙年间五姓著房之婚姻关系》一文利用墓志等石刻材料与文献结合，深入考察了陇西李氏、赵郡李氏、太原王氏、荥阳郑氏、范阳卢氏、清河崔氏、博陵崔氏等五姓七望的相互通婚情况，指出："隋至唐前期时，五姓七望著房似乎已均衡地相互通婚。""赵郡李氏、陇西李氏、清河崔氏、博陵崔氏、范阳卢氏、荥阳郑氏等，每族望皆与其他异姓族望有通婚记录，实际上在隋及初唐已形成很完整的婚姻圈，太原王氏则亦属这个婚姻圈的近圈。"

如果将引用唐代墓志的范围扩大到唐末，就可以更清楚地看到：在唐代整个历史时期中，大族门阀之间始终存在内部通婚的密切关系，形成了一定的婚姻纽带（婚姻圈）。这一现象在唐代墓志中表现得非常明显。例如将早唐至晚唐之间的墓志划分几个典型时间段，摘取有关例证加以统计，可以得出唐代大族之间通婚始终没有减弱的结论。即在唐代政治经济中心的两京地区乃至全国，自始至终都存在着大姓门阀之间相互通婚的密闭式婚姻圈，而且越到后来越兴盛，越是大姓中的名支著房，越重视与门第名望相当的族姓联姻。这种风气对当时的社会习俗、文化走向乃至政治格局都产生了很大的影响。

如武后晚年圣历年间到中宗景龙年间（698～710 年）埋设的 125 件墓志中，属于大姓通婚的有 26 件，约占 1/5。而玄宗天宝年间（742～756 年）埋设的记有婚姻情况的 169 件墓志中，记载大姓内部通婚的有 72 件，占 3/7。宪宗元和年间（806～820 年）记录婚姻情况的 115 件墓志中，记载大姓内部联姻的仍有 45 件，超过 1/3。懿宗咸通年间至僖宗乾符年间（860～879 年）记录婚姻情况的墓志共 138 件，记载大姓通婚者达 51 件，约占总数的 3/8。墓志中的这种表现，有力地证实了唐代门阀士族内部通婚的历史特点。墓志记载中还表现出唐代大族通婚的内在原因，如：大族作为具有文化礼教、家学渊源的知识集团，对于知识与道德有较高的要求；大族尊崇门第，相对封闭，抵御外来压力；以及世代联姻造成的中表婚姻等[349]。这对于深入了解唐代社会状况、分析中古社会政治结构以及中古文化思想的内核等重要历史问题都具有极大价值。

有关中西交通与民族材料的研究：

唐代是一个开放的社会，中外文化经济交流十分频繁。长期在中原居住的各国人士数以万计。向达《唐代长安与西域文明》一书中，已经详细叙述了有关问题。出土的唐代墓志中，也有部分墓主属于在华定居的外国人士，另外，还有一些墓主属于长期定居中原，基本汉化的外来民族后裔。这些墓志材料透露的种种信息，是了解唐代与西域及海外各国之间的文化、经济交往，研究唐代民族状况的重要史料。如西安出土的咸通十五年（874 年）二月二十八日（卒）苏谅妻马氏墓志。苏谅就是来自波斯的阿拉伯人，袄教徒。该墓志由汉字与伊朗巴列维文两种字体写成。发表以后，引起国际伊朗学学术界的极大兴趣，并进行了深入研究。主要是讨论对巴列维文铭文的释读及有关考证[350]。

活动于中亚丝绸之路上的粟特人，也就是中国古代史籍所称的"昭武九姓"，与中原有着密切的交往，对于中西交通起过重要的作用。来到内地并且世代定居的粟特等西域人物也相当多。本世纪以来，在中国各地陆续出土了一些"昭武九姓"国人及其后裔的墓志。如贞观年间的康阿达墓志、贞观二十一年（647 年）九月一日康婆墓志、永淳元年（682 年）康磨伽墓志等，墓主都是西域康国人；永贞元年（805 年）米继芬墓志，米氏为西域米国人。又如永徽四年（653 年）八月二十三日何盛墓志、调露二年（680 年）二月二十八日何磨诃墓志、大和四年（830 年）何文哲墓志等，这些何氏人士均为西域何国人。还有永徽四年（653 年）四月二十八日安延墓志、神龙元年（705 年）三月五日安思节墓志，近年洛阳出土的景龙三年（709年）安菩墓志，墓主都是西域安国人或安国人的后裔。开元十一年（723年）十一月二十三日曹明照墓志称其为"金河贵族，父兄归化"，可见其原系西域曹国人。贞元十三年（797年）八月十九日石崇俊墓志，"祖讳宓芬，本国大首领散将军"，说明他是西域石国人[351]。这些外国来华的人士都在中原定居，其墓志对于了解当时的中西交通情况与唐代社会民族状况都有一定参考价值。向达、阎文儒等学者对这些西域人物的墓志曾经作过深入的研究考证，加深了我们对于唐代社会的认识[352]。

近年来，宁夏固原出土有显庆三年（658年）史索言墓志等史氏家族的墓志，史氏也是定居中原的西域史国人后代。罗丰对这批史氏墓志的内容作了综合考释，除涉及有关人物的经历与相关历史事件外，还着重讨论了他们特有的民族问题[353]。例如对隋大业五年（609年）正月二十二日史射勿墓志中史射勿的名与字（盘陀）加以分析，认为它们明显带有译名风格，应该是从粟特语转译过来的，类似的转译名字也见于其他"昭武九姓"人。对于墓志中仅称"其先出自西国"，罗丰认为这与中亚史上一段重要的史实有关。"史射勿祖辈入居中国的年代当在北魏中期。北魏时期的史国，在《魏书·西域传》中找不出完全可以对应的国家，有可能是伽尼色国。《魏书·西域传》中另一个小国诺色波罗国，据说是唐代的那色波，也就是小史国。北魏时期，史国与小史国可能并存。公元5世纪中期的粟特地区，小国林立，有众多的昭武城邦存在，但都没有很强的独立性。此时哒哒人已经兴起，他们开拓疆域，顺利地征服了包括粟特地区在内的广大中亚地区。《魏书·西域传》在记录哒哒国领域时曾说：'西域康居、于阗、沙勒、安息及诸小国三十许皆役属之，是为大国。'射勿祖辈移居中国时，史国的前身当在哦哒附庸小国之列，不过没有史国的称谓，所以仅称'其先出自西国'。"

罗丰还总结前人的研究成果，对萨宝一词进行了考证，指出："萨宝一职传入中土之后产生巨大影响，不少人以萨宝作为其名。""在名为萨宝的人中粟特人与非粟特人都有，非中亚粟特人名萨宝应视为受西域胡风习俗影响的结果。"他还认为萨宝不是单纯的拜火教首领，萨宝府还管理大秦教和摩尼教。

这些史氏墓志及其妻子墓志中，还再次表现出西域人士更侧重于内部通婚，即在"昭武九姓"之间通婚。如麟德元年（664年）十一月十六日史索岩妻安娘墓志载："安息王之苗裔也。"咸亨元年（670年）十一月二十七日史诃耽墓志载："夫人康氏，甘州张掖人也。"康氏也应该是"昭武九姓"中的康国人后代。卢兆荫、蔡鸿生等学者也专门讨论过"昭武九姓"内部通婚的问题。有关例证达数十条。如何文哲、何进滔都娶妻康氏，何弘敬母为康氏等。唐代墓志中还有安怀妻康氏、曹凉妻安氏、石忠政妻何氏、曹弘立妻石氏、石默啜妻康氏、康武通妻康氏等大量"昭武九姓"相互通婚的例子，均可为证。

其他如史诃耽墓志反映的唐代对外交往中专设翻译的情况、史氏由于民族专长而持续管理西北牧监的情况等，对了解唐代中西交往有所裨益，罗丰等人也作了广泛的考证。

甘肃、宁夏出土了一些有关吐谷浑族归附中原的贵族及其后代人物的墓志，尤其是在甘肃武威南营乡喇嘛湾、青嘴湾一带的吐谷浑青海国王可汗陵垣陆续发现过9件墓志。它们对于了解吐谷浑族的历史及其与汉族的关系等问题具有重要的价值。如开元六年（718年）慕容若妻李深墓志、乾元元年

（758年）慕容威墓志等，其墓主慕容氏为吐谷浑王族。通过这些墓志的记载，可以了解到吐谷浑族是鲜卑的一个分支，它的分布区域广阔，据佟柱臣考证，吐谷浑曾五次迁徙，自辽东直至新疆。归附的慕容氏在唐代定居于甘肃、宁夏一带，与唐朝上层社会联姻，汉化程度极高，有些上层人物甚至长居长安[354]，反映出唐代对少数民族的团结政策与各民族文化的融合。又如贞观十六年（642年）独孤开远墓志、显庆三年（658年）执失奉节墓志、上元二年（675年）阿史那忠墓志等突厥人的墓志，天宝二年（743年）契苾李中郎墓志等反映契苾族人的墓志，垂拱元年（685年）李谨行墓志等反映靺鞨史事的墓志等，都具有民族历史研究的参考价值。

对宋代墓志表现出的丧期研究：

将大量墓志记载的丧期（即从墓主死亡到下葬之间的时间）汇合起来加以分析，可以研究各时期的丧葬礼仪制度及社会状况。这是一个新的研究角度。如：梁洪生就江西的宋代墓志对宋代的丧期进行了综合研究，通过统计分析，他指出："江西宋代墓志的分布并不平衡，主要是赣州、南安军的13县之范围内墓志极少。建国以后江西出土的宋代墓志中，赣州地区也是空白。文献资料与考古发掘的结果如此吻合，绝非偶然，它直接反映宋代赣州、南安军的墓葬中还未普遍放置墓志，并间接地说明，此时这一地区从整体上说还未被开发，经济、文化等都落后于省内其他州、军，因而接受儒家正统文化教育者和进入统治阶层的人士有限，采用墓志这种符合儒家礼制的人自然也少。"[355]

"墓志记载了墓主去世和下葬的日期，两项时间之差为停丧时间，即墓主丧期。丧期的长短，既是古代葬俗的一个方面，又是今人研究保存尸身方法时必须考虑的一个重要因素。"
通过将确切记有卒、葬年月的宋代墓志加以汇集统计，反映
出："停丧1个月和1个月之内下葬的少，3年以上下葬的也
少。而2个月到12个月之间下葬的数量则为多数。"除去气候
因素的影响以外，停丧时间较长的，主要是墓主死在外地，有
一个扶柩回乡的过程。这类人士一是在外地任职的官员或赴试
的举子，一是随官员驻在外地的家属。由此看出，当时归葬原
籍的风气还是很盛行的。而停丧时间不足1个月的，则可能有
迫于战乱、墓主身份卑下、短寿夭折等原因。这对于了解宋代
江西的文化教育与儒家礼制的影响等思想状况具有一定的参考
价值。

对辽代官制的研究：

辽代墓志反映出的各种与唐、宋官制不同的官职，以及
《辽史》中不见的官职，在有关单件墓志的考证文章和简报中
已经进行了揭示与有关考证。此外，还有研究者对有关专题进
行了综合考证，如对辽代王公、公主府中官职的研究。

辽代王公、公主晋封的制度，在《辽史·百官志》里没有
任何记载；王府官属，也只有寥寥数种。但是从各种文献、石
刻资料的记载来看，辽代不但有完善的封王晋爵制度，也有属
员众多、机构庞大的王府和公主邑司。通过墓志等石刻的记
载，可以补充《辽史·百官志》的不足，例如唐统天对王府和
公主邑司的官制所作的补充与考证[356]。

辽政权以契丹贵族为主体，又联合了汉族等其他各族的统
治者。其官僚机构中各种官司的设置、属员的配备，当然有契
丹本族的渊源，也有其他各族的影响，又受汉族特别是唐、宋
两代政权的影响甚深。而王府与公主邑司官府显然是完全受

唐、宋之制的影响而成。但是，由于种种原因，辽代王府与公
主邑司并不和唐、宋两代雷同。除去与唐宋官制相同者以外，
还有辽代特有的一些职务，例如：《李内贞墓志铭》记'故燕
京留守、南面行营都统、燕王达剌以公才识俱深，补充随使左
都押衙、中门使、兼知厅勾。'……辽代押衙一职显然是受中
原影响而来，不同者，辽既见于州郡，又见于王府。由唐、五
代之制推断，辽代王府的武职也有牙旗。所以也有押旗的押衙
官。这当然非常具体地反映了契丹贵族在军事上的独特地位。"
"辽代王府之中设有中门使一职，实在是发人深思，因为它是
古王者之制，却又不见于秦汉以降的王府官署之中。从这一点
看，契丹贵族在政治上的地位显然是非常特殊的。"此外，见
于乾亨三年（981 年）十一月八日张正嵩墓志的"郎中"、见
于太平六年（1026 年）三月七日宋匡世墓志中的"孔目"、见
于统和二十六年（1008 年）八月二十日王说墓志铭的"推官"
等都是辽代特有的王府官职。

　　辽代公主司邑官见于墓志者有宋匡世墓志记载的"晋国公
主中京提辖使"，"它不但说明辽代公主邑司之中设有提辖使，
并且可以由此推断王府之中也会设有提辖使；而更为重要的是,辽代的王府、邑司同诸宫斡鲁朵一样，在五京二州这
样一些战略要地也是设有提辖司的。当然，不能说每一个王
府、每一个邑司都是这样，因为，他们之间的地位、等级是不
可能都一样的。不过，《匡世志》的记载显然已经充分反映了
契丹贵族，特别是其中的妇女，在军事上的非同寻常的地位和
作用"。"辽代公主司邑官，同唐制比，唐代的令、丞、录事、
主簿、谒者、舍人、家吏全然不见于辽。"辽代特有的这些官
职"反映出契丹贵族与中央政权之间的微妙关系，反映出有辽

一代始终存在的相当强烈的独立性，以及契丹贵族妇女的特殊地位"。

对辽代婚姻制度与阶级关系等问题的研究：

朱子方利用出土的辽代墓志考察了辽代王室与贵族之间的婚姻关系，指出契丹人婚姻中存在着母系氏族制度遗存下来的族外婚痕迹，表现在王族与后族通婚时不限尊卑辈序上。如重熙十五年（1046年）二月二十一日秦晋国大长公主墓志、咸雍五年（1069年）十一月十日秦晋国妃墓志、大康元年（1075年）五月二十四日萧德温墓志等，都表现了这种辈分不同的男女结为夫妇（例如甥舅相配）的婚姻情况。关于当时的奴隶占有情况，1973年在喀喇沁左翼蒙古族自治县老爷庙公社出土了一件辽统和二十五年（1007年）四月十八日□奉殷墓志，志中记载："计亲驱肆拾肆口，叁拾叁口，并是□外有玖口驱使人，并是买到五口⋯⋯"这件材料，具体反映了辽代存在的严重的奴隶占有状况。一家官员或贵族占有奴隶成百上千的情形在当时应该是很普遍的。它还反映了辽人掠夺宋国边民作为奴隶的情况与奴隶买卖的现状，具有重要的参考价值。

而一些墓志还反映了当时的民间反抗斗争与起义，表现出当时尖锐的阶级矛盾。如咸雍八年（1072年）九月十九日耶律仁先墓志记载："时武清李宜儿以左道惑众，伪称帝及立伪相，潜构千余人，劫夺居民"，就是反映了重熙十一年（1042年）间河北民间李宜儿起义的具体情况。又如重熙六年（1037年）二月十七日韩橩子墓志记载勃海人大延琳的反叛辽国事件："逆贼大延琳，窃据襄平，盗屯肃慎⋯⋯假公押领控鹤、义勇、护圣、虎翼四军，充攻城副部署。"在《辽史·百官志》与《兵卫志》中只有控鹤军的记载，其他三军未见于史载，推测也是皇帝的近卫军队。动用如此多的近卫军来攻打大延琳，充分表现了这次起义对辽朝政权的巨大震撼，以及攻打起义军的困难程度[357]。类似这样的材料在古代墓志中还相当多，值得认真加以发掘整理。

对于佛教史料的研究：

古代墓志中，佛教僧人的塔铭占有一定的比重。这些塔铭中包含有历代名僧的身世与有关的佛教史料，对于中国古代佛教研究具有重要的参考价值，曾经被佛教研究学者多所引用。这里仅想介绍一下近年来温玉成对河南洛阳等地发现的佛教僧人塔铭等材料的研究成果，借此反映有关研究方法。

温玉成在《碑刻资料对佛教史的几点重要补正》[358]一文中，利用洛阳等地出土的唐永泰元年（765 年）十一月十五日大唐东都荷泽寺殁故第七祖国师大德龙门宝应寺龙岗腹建身塔铭（即神会塔铭），对在佛教史研究中有重要价值的禅宗又一个六祖——法如、神会的身世，临济宗四世是风穴匡沼而不是延沼，天台宗七祖是什么人，云门宗法脉元初有续，蒙古都城佛道大辩论的行育，少林寺的"翻经堂"，稠禅师文物种种与三阶教疑案等问题作了有关考证。说明中国佛教史研究工作的深入有赖于金石材料的发掘和研究。

例如：1983 年 12 月出土的神会塔铭记载：神会在唐乾元元年（758 年）五月十三日在荆州开元寺坐化，享年七十五，僧腊五十四，即生于 684 年，卒于 758 年，与《圆觉经略疏抄》所记相同。但是近代学者对于《圆觉经略疏抄》上的记载均采取怀疑态度。如吕澂《中国佛学源流略讲》采用《宋高僧传》的说法，作 668～760 年；陈垣《释氏疑年录》采取《景德传灯录》的说法，作 686～760 年；胡适在《神会和尚语录的第三个敦煌写本"南阳和尚问答杂征义：刘澄集"》一文中考证神会的生卒年为 670～762 年[359]，这些说法在出土墓志的对照下，显然都是不正确的。

又如：以前传留的天台宗四祖至八祖之间的传承关系是天台智凯、章安灌顶、缙云智威、东阳慧威、左溪玄朗。然而，在唐代，就有人怀疑这个顺序不准确，湛然的俗弟子梁肃在《台州隋故智者大师修禅道场碑铭》中说："自缙云至左溪，以玄珠相付，向晦，宴息而已。"[360]唐人李充撰《故左溪大师碑》云："又宏景禅师得天台法，居荆州当阳，传真禅师，俗谓兰若和尚（慧真）是也。"根据河南临汝风穴寺的七祖塔与唐缑氏县尉沈兴宗撰的《大唐开元寺故禅师贞和尚宝塔铭》的记载，可以得知这位贞禅师，姓张，京兆人，是传袭衡阳三昧的天台宗大师，大约在开元二十七年至天宝初年，经崔日用等官员请求，由唐玄宗谥为天台宗七祖。这充分证实了唐代以来就存在的对天台诸祖姓名记载的怀疑是有道理的，从而修改了有关的佛教宗支历史。

再如：蒙古宪宗八年（1258 年）在哈拉和林万安阁举行了一次佛道大辩论，这是宗教史上的一件大事。这次大辩论是奉蒙哥汗的谕旨，由忽必烈出席，八思巴主持的。据《佛祖历代通载》卷二十一记载："龙门县抗讲主行育"出席了这次大辩论。而 1978 年，在洛阳白马寺附近出土了行育塔志。墓志记载：行育为女真人，姓纳合氏，世宗皇帝赐赤僧伽梨，加"扶宗弘教大师"之号。江南平定后，总摄江淮诸路僧事。受八思巴、太保刘秉忠等人器重。大约在至元二十四年（1287 年）秋冬季，行育奉命兴修白马寺，以怀、孟六县官田之租供给支度。行育卒于至元末年。这些实记，可以为有关研究补充详细的佛教史料。

类似这样的佛教研究史料在历代僧人塔铭中还大量存在，将它们详细地汇集摘录、分类排比，结合有关文献对校与实地考证，必将对中国佛教史与佛教考古的研究大有裨益。这是墓志研究中值得进一步深入的课题。

## 注　释

[1] 见王昶：《金石萃编》，嘉庆十年自刻本；陆增祥：《八琼室金石补正》，希古楼刻本，1925年；叶昌炽：《语石》，柯昌泗：《语石异同评》，中华书局，1995年。

[2] 南京市文物保管委员会：《南京老虎山晋墓》，《考古》1959年第6期。

[3] 南京市文物保管委员会：《南京戚家山东晋谢鲲墓简报》，《文物》1965年第6期。

[4] 南京市文物保管委员会：《南京人台山东晋兴之夫妇墓发掘报告》，《文物》1965年第6期。

[5] 南京市文物保管委员会：《南京象山东晋王丹虎墓和二、四号墓发掘简报》，《文物》1965年第10期；南京市博物馆：《南京象山5号、6号、7号墓清理简报》，《文物》1972年第11期。

[6] 阮国林：《南京市司家山东晋墓》，《中国考古学年鉴（1987年）》，文物出版社，1988年。

[7] 南京博物院：《江苏溧阳果园东晋墓》，《考古》1973年第4期。

[8] 《东晋张镇碑志考释》，《文博通讯》1979年10期。

[9] 南京市文物管理委员会：《南京太平门外刘宋明昙憘墓》，《考古》1976年第1期。

[10] 湖北省文物工作队：《武汉地区一九五六年一月至八月古墓发掘概况》，《文物参考资料》1957年第1期。

[11] 镇江市博物馆：《刘岱墓志简述》，《文物》1977年第6期。

[12] 南京市博物馆 阮国林：《南京梁桂阳王萧融夫妇合葬墓》，《文物》1981年第12期。

[13] 南京市文物保管委员会：《南京郊区两座南朝墓清理简报》，《文物》1980年

第 2 期；南京博物院：《南京尧化门南朝梁墓发掘简报》，《文物》1981 年第 12 期。

［14］南京市博物馆：《南京西善桥南朝墓》，《文物》1993 年第 11 期。

［15］张季：《河北景县封氏墓群调查记》，《考古通讯》1957 年第 3 期。

［16］河北省文物研究所墓志小组：《封孝琰及其妻崔氏墓志》，《文物春秋》1990 年第 4 期。

［17］张平一：《河北吴桥县发现东魏墓》，《考古通讯》1956 年第 6 期。

［18］河北省文管处：《河北景县北魏高氏墓发掘简报》，《文物》1979 年第 3 期。

［19］孟昭林：《无极甄氏诸墓发现及其有关问题》，《文物》1959 年第 1 期。

［20］河北省博物馆、文物管理处：《河北平山北齐崔昂墓调查报告》，《文物》1973 年第 11 期。

［21］石家庄地区革委会文化局文物发掘组：《河北赞皇东魏李希宗墓》，《考古》1977 年第 6 期；李金波：《就考古发现谈赵郡李氏家族》，《文物春秋》1991 年第 2 期。

［22］郑绍宗：《北魏司马兴龙墓志铭跋》，《文物》1979 年第 9 期。

［23］磁县文化馆：《河北磁县东陈村北齐尧峻墓》，《文物》1984 年第 4 期。

［24］磁县文化馆：《河北磁县东魏茹茹公主墓发掘简报》，《文物》1984 年第 4 期。

［25］汤池：《河北磁县出土北魏昌乐王元诞墓志》，《文物资料丛刊》第 1 期，文物出版社，1979 年。

［26］张利亚：《磁县出土北齐愍悼王妃李尼墓志》，《文物春秋》1997 年第 3 期。

［27］李建丽、李振奇：《临城李氏墓志考》，《文物》1991 年第 8 期。

［28］山西省大同市博物馆、山西省文物工作委员会：《山西大同石家寨北魏司马金龙墓》，《文物》1972 年第 3 期。

［29］大同市博物馆 马玉基：《大同市小站村花圪塔台北魏墓清理简报》，《文物》1983 年第 8 期。

［30］大同市博物馆：《大同东郊北魏元淑墓》，《文物》1989 年第 8 期。

［31］陶正刚：《山西祁县白圭北齐韩裔墓》，《文物》1975 年第 4 期。

［32］山西省考古研究所等：《太原市北齐娄睿墓发掘简报》，《文物》1983 年第 10 期。

［33］代尊德：《太原北魏辛祥墓》，《考古学集刊》第 1 期，中国社会科学出版社，1981 年。

［34］王玉山：《太原市南郊清理北齐墓葬一所》，《文物》1963 年第 6 期。

［35］常一民：《太原市神堂沟北齐贺娄悦墓清理简报》，《文物季刊》1992 年第 3 期。

［36］山西省博物馆：《太原圹坡北齐张肃［俗］墓文物图录》，中国古典艺术出版社，1958 年。

［37］王克林：《北齐库狄迴洛墓》，《考古学报》1979 年第 3 期。

［38］李学文：《山西襄汾出土东魏天平二年裴良墓志》，《文物》1990 年第 12 期。

［39］运城地区河东博物馆：《晋南发现北齐裴子诞兄弟墓志》，《考古》1994 年第 4 期。

［40］李百勤等：《河东出土墓志录》，山西人民出版社，1994 年。

［41］秦公：《释北魏高道悦墓志》，《文物》1970 年第 9 期。

［42］山东省文物考古研究所：《临淄北朝崔氏墓》，《考古学报》1984 年第 2 期；淄博市博物馆、临淄区文管所：《临淄北朝崔氏墓地第二次清理简报》，《考古》1985 年第 3 期。

［43］舟子：《羊祉与石门铭初考三题》，《文博》1989 年第 3 期。

［44］李开岭、刘金亭：《山东乐陵出土北齐墓志》，《考古》1987 年第 10 期。

［45］张光明：《山东淄博市发现傅竖眼墓志》，《考古》1987 年第 2 期。

［46］济南市博物馆 王建浩、蒋宝庚：《济南市东郊发现东魏墓》，《文物》1966 年第 4 期。

［47］山东省文物考古研究所：《前进中的十年》，《文物考古工作十年》，文物出版社，1991 年。

［48］山东省博物馆文物组：《山东高唐东魏房悦墓清理简报》，《文物资料丛刊》第 2 期。

［49］韩明祥：《释北齐宜阳国太妃傅华墓志铭》，《文物》1985 年第 10 期。

［50］房道国、李铭：《济南发现北齐陈三墓》，《中国文物报》1998 年第 50 期。

［51］见《文物考古工作十年》，文物出版社，1991 年。

［52］河南省文化局文物工作队：《洛阳北魏长陵遗址调查》，《考古》1966 年第 3 期。

［53］侯鸿均：《洛阳西车站发现北魏墓一座》，《文物参考资料》1957 年第 2 期。

［54］孟县人民文化馆 尚振明：《孟县出土北魏司马悦墓志》，《文物》1981 年第 12 期。

［55］洛阳博物馆：《洛阳北魏元邵墓》，《考古》1973 年第 4 期。

［56］洛阳文物工作队：《洛阳孟津晋墓北魏墓发掘简报》，《文物》1991 年第 8 期。

［57］洛阳文物工作队：《洛阳孟津北陈村北魏壁画墓》，《文物》1995 年第 8 期。

［58］中国社会科学院考古研究所河南二队：《河南偃师县杏园村的四座北魏墓》，《考古》1990 年第 9 期。

［59］周到：《河南安阳琪村发现隋墓》，《考古通讯》1956 年第 6 期。

［60］李秀平、于谷：《安阳北齐和绍隆夫妇合葬墓清理简报》，《中原文物》1987 年第 1 期。

［61］河南省博物馆：《河南安阳北齐范粹墓发掘简报》，《文物》1972 年第 1 期。

［62］安阳县文教局：《河南安阳县清理一座北齐墓》，《考古》1973 年第 2 期。

［63］邓叶君、杨春富：《安阳出土十六国后赵鲁潜墓志》，《中国文物报》1998 年第 50 期。

［64］周到：《河南濮阳北齐李云墓出土的瓷器和墓志》，《考古》1964 年第 9 期。

［65］杜葆仁、夏振英：《华阴潼关出土的北魏杨氏墓志考证》，《考古与文物》1984 年第 5 期。

［66］以上均见负安志：《中国北周珍贵文物——北周墓葬发掘报告》，陕西人民美术出版社，1992 年。

［67］陕西省文物管理委员会：《西安任家口 M229 号北魏墓清理简报》，《文物》1955 年第 12 期。

［68］孙德润、时瑞宝：《咸阳市胡家沟西魏侯义墓清理简报》，《文物》1987 年第 12 期。

［69］曹汛：《北魏刘贤墓志》，《考古》1984 年第 7 期。

［70］钟长发、宁笃学：《武威金沙公社出土前秦建元十二年墓表》，《文物》1981 年第 2 期。

［71］《北史·李贤传》，中华书局标点本，1974 年，下同。

［72］《北史·尔朱荣传》，《魏书》同。

［73］秦明智、任步云：《甘肃张家川发现"大赵神平二年"墓》，《文物》1975 年第 6 期。

［74］宁夏回族自治区博物馆、固原博物馆：《宁夏固原北周李贤夫妇合葬墓发掘简报》，《文物》1985 年第 11 期。

［75］黄文弼：《高昌砖集》，科学出版社，1957 年。

［76］桑绍华：《西安东郊隋李椿夫妇墓清理简报》，《考古与文物》1986 年第 3 期。

［77］中国社会科学院考古研究所：《唐长安城郊隋唐墓》，文物出版社，1980 年。

［78］陕西省文物管理委员会：《西安郭家滩隋姬威墓清理简报》，《文物》1959 年

第 8 期。

[79] 陕西省文物管理委员会:《西安羊头镇唐李爽墓的发掘》,《文物》1959 年第 3 期。

[80] 鲁深:《初唐画家王定墓志铭》,《文物》1965 年第 8 期。

[81] 陕西省文物管理委员会:《长安县南里王村唐韦洞墓发掘记》,《文物》1959 年第 8 期。

[82] 同注[77]。

[83] 李子春:《三年来西安市郊出土碑志有关校补文史之资料》,《文物》1957 年第 9 期。

[84] 同注[77]。

[85] 贺梓城:《唐长安城历史与唐人生活习俗——唐代墓志铭札记之二》,《文博》1984 年第 2 期。

[86] 王关成、刘占成、吴晓丛:《郑公墓志铭及其史料价值》,《文博》1989 年第 4 期。

[87] 李域铮:《西安西郊唐俾失十囊墓志》,《文博》1985 年第 6 期。

[88] 同注[77]。

[89]《中国考古学研究》编委会:《中国考古学研究》第二集,科学出版社,1986 年。

[90] 张宏达:《唐故蜀王墓志》,《考古与文物》1983 年第 5 期。

[91] 李子春:《三年来西安市郊出土碑志有关校补文史之资料》,《文物》1957 年第 9 期。

[92] 同注[85]。

[93] 中国科学院考古研究所:《西安郊区隋唐墓》,科学出版社,1966 年。

[94] 李域铮:《西安东郊出土唐许遂忠墓志》,《考古与文物》1985 年第 6 期。

[95] 卢兆荫:《何文哲墓志考释——兼谈隋唐时期在中国的中亚何国人》,《考古》1986 年第 9 期。

[96] 同注[93]。

[97] 以上均见昭陵博物馆 张沛:《昭陵碑石》,三秦出版社,1993 年。

[98] 武伯纶:《唐永泰公主墓志铭》,《文物》1963 年第 1 期。

[99] 陕西省博物馆、乾县文教局唐墓发掘组:《唐章怀太子墓发掘简报》,《文物》1972 年第 7 期。

[100] 李子春:《唐刘浚墓志铭》,《文物》1965 年第 12 期。

[101] 黄明兰:《唐故司成孙处约墓志铭浅释》,《考古与文物》1983 年第 1 期。

[102] 中国社会科学院考古所河南第二工作队：《河南偃师杏园村的六座纪年墓》，《考古》1986 年第 5 期。

[103] 偃师县文物管理委员会：《河南偃师县隋唐墓发掘简报》，《考古》1986 年第 11 期。

[104] 河南文物工作队：《河南偃师唐崔沈墓发掘简报》，《文物》1958 年第 8 期。

[105] 同注［102］。

[106] 同注［102］。

[107] 中国社会科学院考古所河南第二工作队：《河南偃师杏园村的两座唐墓》，《考古》1984 年第 10 期。

[108] 赵振华、朱亮：《安菩墓志初探》，《中原文物》1982 年第 3 期。

[109] 河南省文物研究所：《陕县唐代姚懿墓发掘报告》，《华夏考古》1987 年第 1 期。

[110] 同注［102］。

[111] 洛阳行署文物处、偃师县文管会：《偃师唐李元璬夫妇墓发掘简报》，《中原文物》1985 年第 1 期。

[112] 同注［102］。

[113] 伊川县人民文化馆：《河南省伊川县出土徐浩书张庭珪墓志》，《文物》1980 年第 3 期。

[114] 安阳市博物馆：《安阳活水村隋墓清理简报》，《中原文物》1986 年第 3 期。

[115] 安阳县文教局：《河南安阳隋墓清理简记》，《考古》1973 年第 4 期。

[116] 安阳市博物馆：《唐杨侃墓清理简报》，《文物资料丛刊》第 6 期。

[117] 安阳市博物馆：《安阳市第二制药厂唐墓发掘简报》，《中原文物》1986 年第 3 期。

[118] 陈立信：《赵冬曦墓志铭》，《中原文物》1986 年第 4 期。

[119] 长治市博物馆：《长治县宋家庄唐代范澄夫妇墓》，《文物》1989 年第 6 期。

[120] 长治市博物馆 王进先：《山西长治市北郊唐崔拏墓》，《文物》1987 年第 8 期。

[121] 山西省文物管理委员会晋西南文物工作组：《山西长治北石槽唐墓》，《考古》1965 年第 9 期。

[122] 长治市博物馆：《山西长治市唐代冯廓墓》，《文物》1989 年第 6 期。

[123] 见《山西文物介绍》。

[124] 向文瑞：《襄垣县发现唐武后时墓志碑石》，《文物》1983 年第 7 期。

[125] 长治市博物馆：《长治市西郊唐代李度、宋嘉进墓》，《文物》1989 年第 6

期。

[126] 王秀生、丁志清：《山西长治唐墓清理略记》，《文物》1964 年第 8 期。

[127] 王玉山：《太原晋祠镇索村发现唐代墓葬》，《文物》1958 年第 2 期。

[128] 同注〔127〕。

[129] 鲁祺：《北京出土辽韩资道墓志》，《文物资料丛刊》第 2 期。

[130] 北京市文物工作队：《北京市发现的几座唐墓》，《考古》1980 年第 6 期。

[131] 苏天钧：《十年来北京市所发现的重要古代墓葬和遗址》，《考古》1959 年
第 3 期。

[132] 赵其昌：《唐幽州村乡初探》，《中国考古学会第一次年会论文集》，文物出
版社，1980 年。

[133] 朱元刚、洪欣：《海淀区二里沟唐墓》，《中国考古学年鉴（1985 年）》，文
物出版社，1985 年。

[134] 同注〔132〕

[135] 刘友恒、樊子林、程纪中：《唐成德军节度使王元逵墓清理简报》，《考古与
文物》1983 年第 1 期。

[136] 邯郸市文管所：《河北大名县发现何弘敬墓志》，《考古》1984 年第 8 期。

[137] 河北省博物馆文物管理处：《河北平山北齐崔昂墓调查报告》，《文物》1973
年第 11 期。

[138] 张季：《河北景县封氏墓群调查记》，《考古》1957 年第 3 期。

[139] 薛增福：《河北曲阳发现隋代墓葬及瓷器》，《文物》1984 年第 2 期。

[140] 河北省文物管理委员会：《河北磁县讲武城调查简报》，《文物》1959 年第 7
期。

[141] 河北省文物管理委员会：《河北磁县讲武城古墓清理简报》，《考古》1959
年第 1 期。

[142] 欧潭生、王大松：《唐代张光祚墓志浅释》，《文物》1981 年第 3 期。

[143] 石家庄市文物保管所：《石家庄市振头村发现唐代贴花人物瓷壶》，《考古》
1984 年第 3 期。

[144] 河北省文物研究所：《河北易县北韩村唐墓》，《文物》1988 年第 4 期。

[145] 宁夏回族自治区固原博物馆 罗丰：《固原南郊隋唐墓地》，文物出版社，
1996 年。

[146] 甘肃省文物管理委员会：《兰新铁路武威—永昌沿线工地古墓清理概况》，
《文物》1956 年第 6 期。

[147] 党寿山：《武威县南山青嘴喇嘛湾又发现慕容氏墓志》，《文物》1965 年第 9

期。

[148] 宁笃学:《甘肃武威南营发现大唐武氏墓志》,《考古与文物》1981 年第 2
期。

[149] 钟侃:《唐代慕容威墓志浅释》,《考古与文物》1983 年第 2 期。

[150] 秦明智、刘得祯:《灵台舍利石棺》,《文物》1983 年第 2 期。

[151] 平凉地区博物馆 刘玉林:《唐刘自政墓清理简记》,《考古与文物》1983 年
第 5 期。

[152] 隋唐五代墓志汇编编辑委员会:《隋唐五代墓志汇编》,天津古籍出版社,
1991 年。

[153] 嘉祥县文物管理所:《山东嘉祥英山二号隋墓清理简报》,《文物》1987 年
第 11 期;山东省博物馆:《山东嘉祥英山一号隋墓清理简报——隋代墓室
壁画的首次发现》,《文物》1981 年第 4 期。

[154] 同注 [152]。

[155] 安徽省博物馆:《合肥隋开皇三年张静墓》,《文物》1988 年第 1 期。

[156] 巢湖地区文物管理所:《安徽巢湖市唐代砖室墓》,《考古》1988 年第 6 期。

[157] 同注 [152]。

[158] 同注 [152]。

[159] 见《南京博物院集刊》第 3 期。

[160] 同注 [152]。

[161] 同注 [152]。

[162] 同注 [159]。

[163] 同注 [152]。

[164] 同注 [159]。

[165] 同注 [152]。

[166] 同注 [152]。

[167] 同注 [152]。

[168] 同注 [159]。

[169] 李则斌:《扬州出土两方唐墓志》,《东南文化》1989 年第 4、5 期。

[170] 同注 [159]。

[171] 吴炜:《江苏扬州五台山唐墓》,《考古》1964 年第 6 期。

[172] 镇江博物馆:《江苏镇江唐墓》,《考古》1985 年第 2 期。

[173] 同注 [152]。

[174] 同注 [152]。

[175] 无锡市博物馆：《江苏无锡发现唐墓》，《文物资料丛刊》第6期，文物出版社，1982年。

[176] 南京博物院 吴荣清：《吴县张陵山东山出土砖刻墓志》，《文物》1987年第11期。

[177] 湖北省博物馆、郧县博物馆：《湖北郧县唐李徽、阎婉墓发掘简报》，《文物》1987年第8期。

[178] 高仲达：《唐嗣濮王李欣墓发掘简报》，《江汉考古》1980年第2期。

[179] 广东省文物管理委员会、华南师范学院历史系：《唐代张九龄墓发掘简报》，《文物》1961年第6期。

[180] 鲁琪、葛英会：《北京市出土文物展览巡礼》，《文物》1978年第4期；段熙仲：《丰台唐墓玉册初探》，《中华文史论丛》第8辑。

[181] 中国社会科学院考古研究所洛阳唐城工作队：《唐洛阳宫城出土哀帝玉册》，《考古》1990年第12期。

[182] 陕西省考古研究所、临潼县文物园林局：《唐惠昭太子陵发掘报告》，三秦出版社，1993年。

[183] 以上均见《隋唐五代墓志汇编》山西卷，天津古籍出版社，1991年。

[184] 叶万松等：《洛阳市东郊五代高继蝉墓》，《中国考古学年鉴（1987年）》，文物出版社，1988年。

[185] 四川省文物管理委员会：《前蜀晋晖墓清理简报》，《考古》1983年第10期。

[186] 成都市文物管理处：《成都市东郊后蜀张虔钊墓》，《文物》1982年第3期。

[187] 同注 [186]。

[188] 徐鹏章等：《成都北郊站南乡高晖墓清理简报》，《考古》1955年第6期。

[189] 成都市博物馆考古队：《五代后蜀孙汉韶墓》，《文物》1991年第5期。

[190] 成都市博物馆考古队：《成都市无缝钢管厂发现五代后蜀墓》，《四川文物》1991年第3期。

[191] 福建省博物馆、福州市文物管理委员会：《唐末五代闽王王审知夫妇墓清理简报》，《文物》1991年第5期。

[192] 程存洁：《新发现的后梁吴存锷墓志考释》，《文物》1994年第8期。

[193] 洛阳地区文物工作队：《北宋王拱辰墓及墓志》，《中原文物》1985年第4期。

[194] 周到：《宋魏王赵頵夫妻合葬墓》，《考古》1964年第7期。

[195] 蔡全法：《冯京墓志考释》，《中原文物》1987年第4期。

［196］李绍连：《宋苏适墓志及其他》，《文物》1973年第7期。

［197］乔志敏：《新郑欧阳修墓地出土墓志简述》，《中原文物》1992年第4期。

［198］戴应新：《北宋折继闵神道碑疏证》，《中国考古学会第一次年会论文集》，
文物出版社，1980年。

［199］陈显远：《南宋陈从仪墓志碑浅释》，《考古与文物》1983年第2期。

［200］洛原：《宋曾巩墓志》，《文物》1973年第3期。

［201］以上均见于陈柏泉：《江西出土墓志选编》，江西教育出版社，1991年。

［202］吴炜：《介绍扬州发现的两盒宋墓志》，《文物》1995年第4期。

［203］安徽省博物馆：《合肥东郊大兴集北宋包拯家族墓群发掘报告》，《文物资料
丛刊》第3期，文物出版社，1980年。

［204］徐三见：《浙江临海市发现宋代赵汝适墓志》，《考古》1987年第10期。

［205］河南省文物考古研究所：《北宋皇陵》，中州古籍出版社，1997年。

［206］罗福颐：《辽左金吾卫上将军萧德温墓志跋》，《满洲学报》第2号，1941
年。

［207］辽宁省博物馆藏志。

［208］向南：《辽王氏二方墓志考》，《考古与文物》1984年第3期。

［209］李文信：《清河门西山村辽墓发掘报告》，《文物参考资料》1951年2卷第9
期；薛景平、易难：《全辽文所收辽宁馆藏碑志校录》，《辽海文物学刊》
1986年第2期。

［210］李宇峰、袁海波：《辽宁阜新辽萧仪墓》，《北方文物》1988年第2期。

［211］薛景平、易难：《全辽文所收辽宁馆藏碑志校录》，《辽海文物学刊》1986
年第2期。

［212］欧阳宾：《辽许王墓清理简报》，《文物资料丛刊》1977年第1期。

［213］长田夏树：《契丹语解读方法论序说》，《内陆亚细亚言语之研究》第一辑，
日本神户外国语大学，1983年。

［214］吕振奎、袁海波：《辽宁阜新海棠山发现契丹小字墓志残石》，《考古》1992
年第2期。

［215］辽宁省博物馆文物工作队：《辽代耶律延宁墓发掘简报》，《文物》1980年
第7期。

［216］同注［211］。

［217］王成生：《辽宁朝阳市辽刘承嗣族墓》，《考古》1987年第2期。

［218］邓宝学、孙国平、李宇峰：《辽宁朝阳辽赵氏族墓》，《文物》1983年第9
期。

[219] 朝阳地区博物馆：《辽宁朝阳姑营子辽耿氏墓发掘报告》，《考古学集刊》第 3 期。

[220] 薛景平、冯永谦：《辽代梁援墓志考》，《北方文物》1986 年第 2 期。

[221] 同注［211］。

[222] 鲁宝林等：《北镇辽耶律宗教墓》，《辽海文物学刊》1993 年第 2 期。

[223] 同注［211］。

[224] 冯永谦：《辽宁法库前山辽萧袍鲁墓》，《考古》1983 年第 7 期。

[225] 同注［211］。

[226] 金毓黻：《辽国驸马赠卫国王墓志铭考证》，《考古学报》1956 年第 3 期。

[227] 金永田：《契丹大字"耶律习涅墓志"考释》，《考古》1991 年第 4 期。

[228] 内蒙古文物考古研究所：《辽陈国公主驸马合葬墓发掘简报》，《文物》1987 年第 11 期。

[229] 刘凤翥、马俊山：《契丹大字北大王墓志考释》，《文物》1983 年第 9 期。

[230] 郑隆：《昭乌达盟订尚伟符墓清理简报》，《文物》1961 年第 9 期。

[231] 北京市文物工作队：《北京南郊辽赵德均墓》，《考古》1962 年第 5 期。

[232] 北京市文物工作队：《辽韩佚墓发掘报告》，《考古学报》1984 年第 3 期。

[233] 黄秀纯：《辽代张俭墓志考》，《考古》1980 年第 5 期。

[234] 北京市文物管理处：《近年来北京发现的几座辽墓》，《考古》1972 年第 3 期。

[235] 鲁琪：《北京出土辽韩资道墓志》，《文物资料丛刊》1978 年第 2 期。

[236] 同注［132］。

[237] 北京市文物工作队 张先得：《北京市大兴县辽代马直温夫妻合葬墓》，《文物》1980 年第 12 期。

[238] 郑绍宗：《耶律加乙里妃墓志铭》，《考古》1981 年第 5 期。

[239] 郑绍宗：《契丹秦晋国大长公主墓志铭》，《考古》1962 年第 8 期。

[240] 河北省博物馆、文物管理处：《河北迁安上芦村辽韩相墓》，《考古》1973 年第 5 期。

[241] 河北省文物管理处、河北省博物馆：《河北宣化辽壁画墓发掘简报》，《文物》1975 年第 8 期。

[242] 张家口市文物事业管理所、张家口市宣化区文物管理所：《河北宣化下八里辽金壁画墓》，《文物》1992 年第 10 期。

[243] 北京市文物管理处：《北京市通县金代墓葬发掘简报》，《文物》1977 年第 11 期。

[244] 见《燕京春秋》，北京出版社，1982年。

[245] 北京历史考古丛书编辑组：《北京文物与考古》第1辑，1983年。

[246] 同注［245］。

[247] 北京史研究会：《北京史论文集》，北京出版社，1980年。

[248] 河北省文化局文物工作队：《河北新城北场村金时立爱和时丰墓发掘记》，《考古》1962年第12期。

[249] 陈柏泉：《江西出土墓志选编》，江西教育出版社，1991年。

[250] 甘肃省博物馆、漳县文化馆：《甘肃漳县元代汪世显家族墓葬简报之一》，漳县文化馆：《甘肃漳县元代汪世显家族墓葬简报之二》，《文物》1982年第2期。

[251] 山西省文物管理委员会、山西省考古研究所：《山西芮城永乐宫旧址宋德方、潘德冲和"吕祖"墓发掘简报》，《考古》1960年第8期。

[252] 易县博物馆：《河北易县发现元代张弘范墓志》，《文物》1986年第2期。

[253] 白冠西：《安庆市棋盘山发现的元墓介绍》，《文物》1957年第5期。

[254] 北京市文物研究所：《元铁可父子墓和张弘纲墓》，《考古学报》1986年第1期。

[255] 同注［254］。

[256] 咸阳地区文物管理委员会：《陕西户县贺氏墓出土大量元代俑》，《文物》1979年第4期。

[257] 上海博物馆 沈令昕、许勇翔：《上海市青浦县元代任氏墓葬记述》，《文物》1982年第7期。

[258] 山东省济宁地区文物局：《山东嘉祥县元代曹元用墓清理简报》，《考古》1983年第9期。

[259] 洛阳市铁路北站编组站联合考古发掘队：《元塞因赤答忽墓的发掘》，《文物》1996年第2期。

[260] 张志新、沈正善：《元末"郑国公墓志铭"简述》，《东南文化》第2辑。

[261] 胡人朝：《重庆明玉珍墓出土'玄宫之碑'》，《考古与文物》1984年第4期。

[262] 北京市文物工作队编：《北京市出土墓志目录》，1964年。

[263] 李忠：《辛集市发现明工部尚书贾俊墓志》，《文物春秋》1994年第1期。

[264] 刘震：《明户部尚书张笔峰墓志》，《文物春秋》1994年第1期。

[265] 辽宁省博物馆、鞍山市文化局文物组：《鞍山倪家台明崔源族墓的发掘》，《文物》1978年第11期。

[266] 南京市博物馆:《南京明汪兴祖墓清理简报》,《考古》1972 年第 4 期。

[267] 南京市博物馆:《南京明代吴祯墓发掘简报》,《文物》1986 年第 9 期。

[268] 南京市文物保管委员会:《南京太平门外岗子村明墓》,《考古》1983 年第 6 期。

[269] 华东文物工作队:《四年来华东区的文物工作及其重要的发现》,《文物参考资料》1954 年第 8 期。

[270] 南京市文物保管委员会:《南京江宁县明沐晟墓清理简报》,《考古》1960 年第 9 期。

[271] 蚌埠市博物展览馆:《明汤和墓清理简报》,《文物》1977 年第 2 期。

[272] 吴兴汉:《嘉山县明代李贞夫妇墓及有关问题的推论》,《文物研究》第 4 期。

[273] 同注 [249]。

[274] 同注 [249]。

[275] 邓仁荣:《鹰潭发现四十四代天师墓志盖》,《中国文物报》1995 年第 9 期。

[276] 同注 [249]。

[277] 同注 [249]。

[278] 万为民:《江西新建朱宸涪夫妇合葬墓》,《南方文物》1992 年第 3 期。

[279] 同注 [249]。

[280] 黄明兰:《明朝伊藩王世系补正》,《河南师大学报》1980 年第 3 期。

[281] 河南省博物馆、新乡市博物馆:《新乡市郊明潞简王墓及其石刻》,《文物》1979 年第 5 期。

[282] 李献奇、张钦波:《明福王朱常洵圹志》,《中原文物》1987 年第 3 期。

[283] 谭淑琴:《马文升墓志考》,《中原文物》1994 年第 1 期。

[284] 梁晓景:《明刘相墓志考略》,《考古与文物》1985 年第 3 期。

[285] 陈耀钧:《江陵八岭山明辽简王墓》,《中国考古学年鉴 (1988 年)》,文物出版社,1989 年。

[286] 石博:《杨溥墓志面世》,《中国文物报》1989 年 4 月 7 日。

[287] 周杰华:《余母张氏墓志铭考略》,《四川文物》1989 年第 4 期。

[288] 四川省博物馆、剑阁县文化馆:《明兵部尚书赵炳然夫妇合葬墓》,《文物》1982 年第 2 期。

[289] 见《四川文物》1987 年第 3 期。

[290] 黄文宽:《戴缙夫妇墓清理报告》,《考古学报》1957 年第 3 期。

[291] 广东省博物馆、东莞市博物馆:《广东东莞明罗亨信家族墓清理简报》,《文

物》1991 年第 11 期。

[292] 陕西省文物管理委员会：《长安四府井村明安僖王墓清理简报》，《考古》1956 年第 5 期。

[293] 张鸣铎：《新出土的几方明秦藩王宗族墓志》，《文博》1989 年第 4 期。

[294] 罗西章：《明王纶墓清理简报》，《考古与文物》1981 年第 4 期。

[295] 聂新民：《榆林考古调查二则》，《文博》1988 年第 5 期。

[296] 杨忠敏：《明阎本家族墓志铭》，《文博》1992 年第 6 期。

[297] 甘肃省文物管理委员会：《兰州上西园明彭泽墓清理简报》，《考古》1957 年第 1 期。

[298] 甘肃省博物馆、漳县文化馆：《甘肃漳县元代汪世显家族墓葬简报之一》；漳县文化馆：《甘肃漳县元代汪世显家族墓葬简报之二》；《文物》1982 年第 2 期。

[299] 牛达生：《宁夏同心县出土明庆王圹志》，《考古与文物》1981 年第 4 期。

[300] 周燕儿：《绍兴发现徐渭书墓志残石》，《江西文物》1990 年第 3 期。

[301] 张步军：《吴承恩撰墓志出土》，《中国文物报》1990 年 5 月 10 日。

[302] 《礼记·檀弓上》，中华书局影印《十三经注疏》本。

[303] 中国社会科学院考古研究所：《殷墟妇好墓》，文物出版社，1985 年。

[304] 南阳汉画像石学术讨论办公室编：《汉代画像石研究》，文物出版社，1987 年。

[305] 袁仲一：《秦代陶文》，三秦出版社，1987 年。

[306] 始皇陵秦俑坑考古发掘队：《秦始皇陵西侧赵背户村秦刑徒墓》，《文物》1982 年第 3 期。

[307] 郑建芳：《最早的墓志——战国刻铭墓砖》，《中国文物报》1994 年 6 月 19 日；李学勤：《也谈邹城张庄的砖文》，《中国文物报》1994 年 8 月 14 日。

[308] 黄展岳：《早期墓志的一些问题》，《文物》1995 年第 12 期。

[309] 张政烺：《秦汉刑徒的考古资料》，《北京大学学报》人文科学版 1958 年第 3 期。

[310] 偃师商城博物馆：《河南偃师东汉姚孝经墓》，《考古》1992 年第 3 期。

[311] 舒之梅：《从江陵凤凰山 168 号墓看汉初法家路线》，《考古》1976 年第 1 期。

[312] 扬州博物馆等：《江苏邗江胡场五号汉墓》，《文物》1981 年第 11 期。

[313] 睡虎地秦墓竹简整理组编著：《睡虎地秦墓竹简》，文物出版社，1978 年。

[314] 劳干：《居延汉简考释》卷一，商务印书馆，1949 年。

[315] 甘肃省博物馆:《甘肃武威磨嘴子汉墓发掘》,《考古》1960 年第 9 期。

[316] 南阳地区文物工作队等:《唐河汉郁平大尹冯君孺人画像石墓》,《考古学报》1980 年第 2 期。

[317] 陕西省博物馆、陕西省文管会:《陕北东汉画像石刻选集》,文物出版社,1959 年。

[318] 迅冰:《四川汉代雕塑艺术》图版 29,中国古典艺术出版社,1959 年。

[319] 北京图书馆金石部:《北京图书馆藏石刻拓片汇编》,中州古籍出版社,1988 年。

[320] 吴兴汉:《寿县东门外发现西汉水井及西晋墓》,《文物》1963 年第 7 期。

[321] 马衡:《石刻》,《考古通讯》1956 年第 1 期。

[322] 郭玉堂:《洛阳出土石刻时地记》,大华书报供应社,1941 年。

[323] 黄展岳:《早期墓志的一些问题》,《文物》1995 年第 12 期。

[324] 南京博物院、邳县文化馆:《东汉彭城相缪宇墓》,《文物》1984 年第 8 期。

[325] 南阳市博物馆:《南阳发现东汉许阿瞿画像石》,《文物》1974 年第 8 期。

[326] 淮阴市博物馆、泗阳县图书馆:《江苏泗阳打鼓墩樊氏画像石墓》,《考古》1992 年第 9 期。

[327] 河南省偃师县文物管理委员会:《偃师县南蔡庄乡汉肥致墓发掘简报》,《文物》1992 年第 9 期。

[328] 天津市文物管理处考古队:《武清东汉鲜于璜墓》,《考古学报》1982 年第 3 期;北京市文物工作队:《北京西郊发现汉代石阙清理简报》,《文物》1964 年第 11 期。

[329] 《隶释》卷六,洪氏晦木斋刻本。

[330] 北京图书馆:《北京图书馆藏中国历代石刻拓片汇编》第一册,中州古籍出版社,1988 年。

[331] 同注〔329〕。

[332] 《后汉书·郭有道传》,中华书局排印本,1962 年。

[333] 河南省文化局文物工作队二队,《洛阳晋墓的发掘》,《考古学报》1957 年第 1 期。

[334] 同注〔333〕。

[335] 南京市博物馆编:《南京出土六朝墓志》,文物出版社,1980 年。

[336] 钟长发、宁笃学:《武威金沙公社出土前秦建元十二年墓表》,《文物》1981 年第 2 期。

[337] 李朝阳:《吕他墓表考述》,《文物》1997 年第 19 期。

[338] 曹汛：《北魏刘贤墓志》，《考古》1984 年第 7 期。

[339] 中国科学院考古所洛阳发掘队：《洛阳晋墓的发掘》，《考古学报》1957 年第 1 期。

[340] 杜葆仁、夏振英：《华阴潼关出土的北魏杨氏墓志考证》，《考古与文物》1984 年第 5 期。

[341] 赵万里：《汉魏南北朝墓志集释》，科学出版社，1958 年。

[342] 崔汉林、夏振英：《陕西华阴北魏杨舒墓发掘简报》，《文博》1985 年第 2 期。

[343] 罗宗真：《从南朝出土墓志看南北士族关系》，《东南文化》1989 年第 2 期。

[344] 王去非、赵超：《南京出土六朝墓志综考》，《考古》1990 年第 10 期。

[345] 武伯纶：《唐万年、长安县乡里考》，《考古学报》1963 年第 2 期；赵超：《唐代洛阳城坊补考》，《考古》1990 年第 10 期；陈久恒：《唐东都洛阳城坊里之考证——从唐代墓志看东都坊里名称及数目》，《中国考古学会第五次年会论文集》，文物出版社，1988 年。

[346] 北京文物研究所：《北京考古四十年》，燕山出版社，1990 年。

[347] 吴炜：《扬州唐、五代墓志概述》，《东南文化》1995 年第 4 期。

[348] 赵超：《新唐书宰相世系表集校》，中华书局，1998 年；毛汉光：《中古大族著姓婚姻之研究——北魏高祖至唐中宗神龙年间五姓著房之婚姻关系》，《中央研究院历史语言研究所集刊》第五十六本第四分，等。

[349] 赵超：《从唐代墓志看士族大姓通婚》，《周绍良先生欣开九秩庆寿文集》，中华书局，1997 年。

[350] 陕西省文物管理委员会：《西安发现晚唐祆教徒的汉婆罗钵文合璧墓志——唐苏谅妻马氏墓志》，《考古》1964 年第 9 期；伊藤义教：《西安出土汉、婆合璧墓志婆文语言学的试释》，《考古学报》1964 年第 2 期；刘迎胜：《唐苏谅妻马氏汉、巴列维文墓志再研究》，《考古学报》1990 年第 3 期。

[351] 以上引用墓志均见于：《唐代墓志汇编》，上海古籍出版社，1991 年。

[352] 向达：《唐代长安与西域文明》，三联书店，1957 年；阎文儒：《唐米继芬墓志考释》，《西北民族研究》1989 年第 2 期。

[353] 宁夏回族自治区固原博物馆 罗丰：《固原南郊隋唐墓地》，文物出版社，1996 年；又见于罗丰：《固原南郊隋唐中亚史氏墓志考释》，《大陆杂志》第 90 卷第 5、6 期，台北大陆杂志社，1995 年。

[354] 佟柱臣：《唐慕容威墓志考》，《辽海文物学刊》1986 年创刊号。

[355] 梁洪生：《江西宋代墓志及其葬期考》，《江西文物》1989 年第 1 期。

[356] 唐统天:《由石刻补考辽代王府与公主邑司的官制》,《北方文物》1987 年第 4 期。

[357] 朱子方:《从出土墓志看辽代社会》,《社会科学辑刊》1979 年第 2 期。

[358] 温玉成:《碑刻资料对佛教史的几点重要补正》,《中原文物》1985 年特刊。

[359] 胡适: 《神会和尚语录的第三个敦煌写本"南阳和尚问答杂征义:刘澄集"》,历史语言研究所集刊外编第四种,台北,1960 年。

[360]《金石萃编》卷一零六,嘉庆十年自刻本。

# 三 汉代画像石

# （一）汉代画像石的出土发现

汉代画像石是本世纪汉代考古的重要发现之一。虽然早在宋代的金石著作（如《隶续》）中就已经详细记录了山东嘉祥著名的武氏石室画像。但是对于各地散布的汉代墓葬画像石刻，却是在本世纪初才开始注意收集，并且逐步进行科学发掘整理的。

山东的汉画像石闻名于世后，接着引起人们注意的是河南南阳一带出土的汉代画像石。本世纪 20 年代末，已有人注意到南阳地区田间、居所等处弃置的汉代画像石。1928 年，张中孚曾访拓数十幅，嘱托关百益先生代为出版，即《南阳汉画像集》一书。1932 年，孙文青对被当地驻军与村民盗掘的南阳草店村一座汉画像石墓做了清理、拓片与测绘工作，收集到 44 幅画像石，并将它们收入由金陵大学中国文化研究所出版的《南阳汉画像汇存》中。据介绍，解放前南阳出土的画像石有 270 多件[1]。以后，孙文青还继续大力搜访画像石，收集到拓片 700 件以上，这虽然还不够完全，但已经足以说明本世纪前期南阳地区出土汉画像石的盛况。

1919 年，在山西省离石县马茂庄发现了东汉左元异画像石墓，共出土了和平元年（150 年）画像石 14 件，其中两件门柱石上有题记"和平元年西河中阳光里左元异造作万年庐舍"与"使者持节中郎将莫府奏曹史西河左表字元异之墓",四周的纹饰极为精美。它们被盗卖出国,现存加拿大。其余12件中1件不明下落,9件现藏山西省博物馆,2件存离石县。1930年,柳林县杨家坪也发现过画像石墓。这些发现与以后的大量发现揭示出了山西、陕西北部是流行汉代画像石的区域。

鲁迅先生也是较早收集整理汉画像石的学者之一。他对于山东、南阳等地的画像石拓片曾经多方设法收集,准备出版。其他如滕固、容庚、傅惜华等人也陆续对南阳汉画像石进行了收集、刊布与研究,这些活动引起了考古界、艺术界的极大兴趣,迅速地提高了汉代画像石的学术地位。汉代画像石表现出来的博大精深的文化内涵、豪迈奔放的艺术风格,成为学术界长期研究的热点课题。通过汉代画像石了解汉代社会与古代思想,是近代考古研究中的重要收获之一。

南阳汉画馆最早创立于1935年,解放以后,南阳地区将收集的汉画像石集中保管陈列,并在陆续收集整理的基础上不断扩大,形成了今日规模宏大的南阳汉画像石馆。其中收藏的画像石达1000余件,反映了南阳地区汉代画像石的主要面貌。从三四十年代的《南阳汉画像汇存》、《南阳汉画像集》、《汉代画像全集》等到近年出版的《南阳汉代画像石》等著录,介绍了南阳地区主要的汉代画像石资料。

50年代,山东沂南画像石墓的考古发掘,给画像石墓的科学发掘提供了一个典范。这次发掘详细记录了画像石墓的建筑结构及不同内容画像石的位置,提供了全面的考古信息。此后,各地对于汉代画像石墓的清理走上了考古科学的轨道,使

得有关研究能够得到系统完整的可靠材料，促进研究方法不断
完善。

　　因此，在近50年间，山东、江苏、陕西、河南等地的大
批汉代画像石墓得到科学发掘，大量流散的汉代画像石得到收
集与整理。其中如陕西北部就是一个新引起人们注意的汉代画
像石流行区域。1953年，这里的绥德县就发掘了东汉永元元
年（89年）画像石墓，发现了精美的画像石刻。到1992年为
止，陕北出土的画像石达600余件。其中神木县出土16件，
榆林县出土14件，米脂县出土151件，绥德县出土463件，
子洲县出土11件，清涧县出土16件，吴堡县出土6件。这些
画像石中，有耕牧、狩猎、车马出行、舞乐杂技、宴饮、历史
故事与神仙瑞兽等。雕刻技法为：先在平面石材上用黑线勾勒
出画面轮廓，再将轮廓外的部分凿剔下去，成为减地浮雕，在
轮廓中用阴线刻画出细部，最后上色。画面气势浑厚、构图匀
称，具有独特的地方特色。如米脂的一幅车骑图，由三段组
成，上面一共有14辆车、30匹马、38位人物。绥德出土的牛
耕图，生动逼真地表现了当时先进的耦犁牛耕技术。近年在神
木等地发现了大批画像石，如神木大保当地区汉墓群中清理出
的50余块画像石，包括车马出行图、狩猎图、神话人物图、
舞蹈图等等[2]，这是该地区对汉代画像石墓最大的一次科学
发掘工作，将陕北画像石的分布区域向北扩展了近百里，更加
充实了这一地区的画像石宝藏。

　　放眼西南，四川的石棺汉画、画像石与画像砖极富特色。
四川是我国画像石、砖最集中的地区之一，清代就有所发现。
本世纪初，日本人鸟居龙藏、英国人陶然士、法国人色伽兰、
美国人葛维汉等都曾经在四川调查、发掘汉代墓葬，开始介绍

汉代画像石、砖等。30年代起，中国学者也开始发掘四川汉墓。1937年，杨技高曾在嘉陵江与岷江流域调查崖墓，收集了一批画像石棺等[3]。而后，前中央大学农学院在重庆沙坪坝发现一座汉墓，得到两座画像石棺，常任侠曾著有《重庆沙坪坝出土之石棺画像研究》加以考证[4]。常任侠、金毓黻和郭沫若、卫聚贤等人曾多次在重庆等地调查画像石，多有收获。1941年至1942年，前中央研究院等还对彭山崖墓进行了大规模发掘，参加者有夏鼐、李济、吴金鼎等人。近50年来，四川文博部门陆续对成都、德阳、新繁、合川、重庆等地的汉墓进行发掘，出土了大量精美的画像石、砖等文物。其中如成都羊子山1号墓是四川地区发现的最大的汉代画像石墓葬，出土的出行图达11米长。四川的画像石、砖造型细腻逼真，优美生动。除在其他地区画像石中常见的题材外，还有很多独特的内容，如盐井、插秧、渔筏、野合以及有关佛教艺术的内容等，具有重要的社会文化研究价值[5]。

又如江苏徐州的汉代画像石，虽然解放前有过零星出土，张伯英等人也收藏过，但是大量出土还是1949年以后，先后在铜山县的茅村、洪楼、苗山、白集、利国、柳新、汉王，睢宁县的张圩、九女墩，邳州市的燕子埠、占城，新沂市的瓦窑，沛县的栖山等地发掘出多座画像石墓。现在共达500多件，保存在徐州汉画像石博物馆等地。这里的画像石风格与山东地区的汉代画像石相接近。其他如山东的嘉祥、诸城、济宁、泰安、滕州，江苏的连云港、泗洪，河南的南阳、郑州、密县、襄城、唐河，山西的离石等地都发现了大量图像精美、内容新颖丰富的画像石。有些画像对于了解汉代的政治、科技、手工业与日常生活等社会状况具有重大意义。如山东诸城凉台出土的画像石"髡笞图"，江苏铜山出土的画像石"纺织图"，河南新密出土的画像石"庖厨图"，河南南阳出土的画像石"星象图"，山东沂南画像石墓中的"乐舞图"等。

在画像石上不断发现重要的文字题刻。例如 1957 年山东省肥城县出土的东汉建初八年（83 年）张文思建墓题记[6]，1965 年山东省莒南县出土的元和二年（85 年）孙仲阳石阙题记[7]、陕西省绥德县出土的永元八年（96 年）杨孟元题记[8]、永元十二年（100 年）王得元题记[9]、永元十五年（103 年）郭稚文题记[10]，陕西省米脂县出土的永初元年（107 年）牛文明题记[11]，1980 年江苏省徐州邳县出土的元嘉元年（151 年）缪宇题记[12]，1973 年山东省苍山县出土的元嘉元年（151 年）画像石题记（图二〇）[13]，1980 年山东省嘉祥县出土的永寿三年安国题记[14]，1973 年河南省南阳市出土的建宁三年（170 年）许阿瞿画像石题记[15]。1978 年 12 月，在四川郫县发现一座砖室墓，出土两扇石刻墓门，根据其形制判断为东汉晚期遗物。这两扇墓门上均刻有铺首、车马出行图等画像。中央空有一段，右门扇上刻写隶书铭文 13 行，共 53 字。左扇空白未刻。从铭文来看，墓主为"故县侯守丞杨卿耿伯"。这类墓门石刻过去多有发现，但是极少刻写文字。这次是罕见的发现，值得重视。以上这些画像石[16]题记对于考察画像内容，研究汉代墓葬情况，确定墓葬年代等具有重要价值。

## （二）汉代画像石的研究情况

根据现在已经了解到的汉代画像石出土情况，研究者们得出了汉代画像石主要存在于四个中心区域的结论。这四个中心

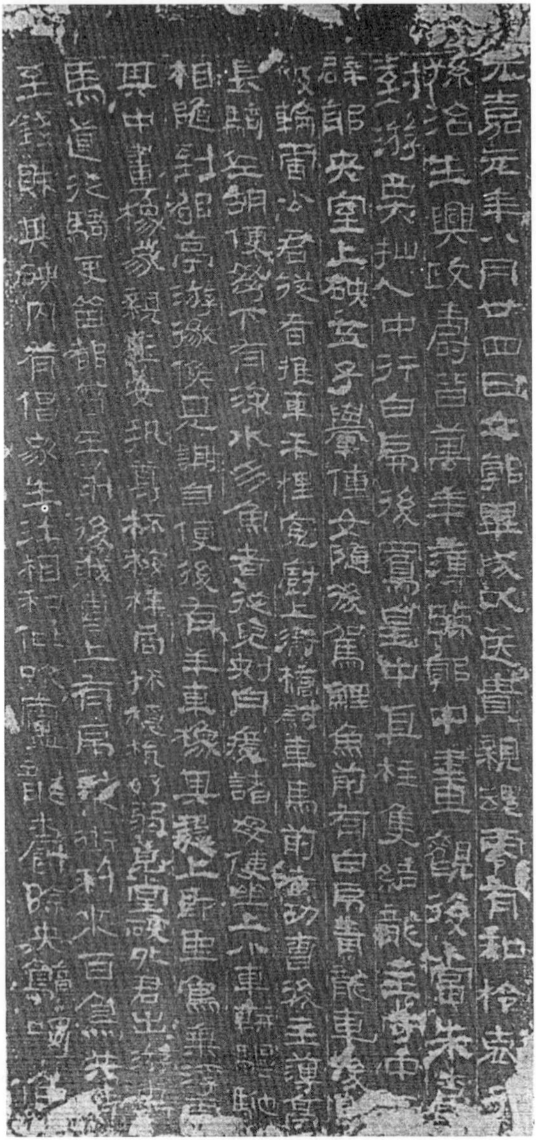

图二〇 东汉苍山画像石题记

区域是：河南南阳及湖北北部，山东西南部和江苏、安徽北部以及河南东部，陕西北部与山西西北部，四川与云南北部等。通过各地区画像石墓的分析排列研究，勾画出了汉代画像石艺术的发展演变脉络。在大量考古发现和研究基础上，从各个方面深入探讨了汉代画像石的文化内涵、社会意义与历史价值等。不但编辑了多种地区性的汉代画像石图录与研究论文集，还形成了系统全面的专门学科研究。

比较重要的论文与著作有文物出版社出版的《汉代画像石研究》，这是 1985 年在南阳汉画像石学术讨论会上发表的主要论文，反映了当时学术界的新研究成果。书中的论文从汉画像石墓的分期、墓葬的形制、画像石的题材、画像艺术风格以及汉代画像石所反映的汉代社会状况等作了多方面的深入探讨。其中如王建中《试论汉画像石墓的起源——兼谈南阳汉画像石墓出现的年代》、赵成甫《南阳汉画像石墓分期管见》、萧亢达《汉代南阳郡与南阳汉画像石墓》、王恺《苏鲁豫皖交界地区汉画像石墓墓葬形制》、尤振尧《略述苏北地区汉画像石墓与汉画像石刻》、信立祥《论汉代的墓上祠堂及其画像》、蒋英矩《孝堂山石祠管见》等，都比以往讨论汉代画像石的论文有显著的提高，见解与研究角度都有所创新，具有重要的参考价值。其他如廖奔《论汉画百戏》、孙景琛等《谈汉代乐舞画像石与画像砖》、陈江风《南阳天文画像石考释》等，也从全新的角度，对画像石中前人未曾涉及到的内容进行了研究，令人耳目一新。这些做法，引起了后来汉画研究的新热点。

《中原文物》曾经就汉代画像石研究专门编辑特刊，收入研究河南汉画像石的论文 17 篇。其中如周到、吕品的《河南汉画略说》分析了河南画像石的出土情况，将其分为南阳、芒砀山、嵩岳与豫北四个地区，进一步讨论了汉画的题材、制作技法、艺术风格等方面的不同时代特点。又如刘永信《永城汉画像石刻概述》、黄明兰《洛阳西汉画像空心砖概述》等介绍了有关的出土材料情况。另有较多文章是具体分析画像石的内容、艺术特点、美学风格，或者通过画像石讨论汉代建筑情况与舞蹈、角抵等文娱活动。

　　传统的汉代画像石研究大多为诠释画像，探讨画像的刻画技法，进而分析画像的内容，进行有关史料的考证等。在近年的画像石研究中，这样的论文还占有相当比例。比较重要的论述如夏超雄《汉墓壁画、画像石题材内容试探》[17]、《孝堂山石祠画像年代及主人试探》[18]，余德章等《试论四川汉代画像砖的分布地区、刻塑技法及其史料价值》[19]，苏健《汉画中的神怪衔蛇和龙璧图考》[20]，闪修山《南阳汉画像石墓的门画艺术》[21]，陈孟东《陕北东汉画像石题材综述》[22]，王思礼《山东画像石中几幅画像的考释》[23]，黄展岳《记凉台东汉画像石上的"髡笞图"》[24]，杨爱国《汉画像石中的庖厨图》[25]，赵殿增等《天门考——兼论四川汉画像砖（石）的组合与主题》[26]等。这些文章对画像石的具体内容进行专门考证，提出了很多新的见解。

　　李发林的《山东画像石研究》对汉画像的产生原因、分布区域、题材内容、雕刻技法等方面作了阐述。南阳汉画像石馆编撰的《南阳汉画像石》一书则以有纪年的汉画像石墓作为标尺，依据墓葬的形制、建筑材料和结构、随葬器物、画像题材、画像位置和雕刻技法等的演变，将保存较完整的16座汉画像石墓分为三期，早期由西汉中期到新莽时代，中期由东汉初年到汉顺帝，晚期由顺帝到东汉末年。虽然由于现有材料还不够完全，上述分期还有待进一步商榷，但是它仍然反映了汉代画像石研究中的新成就，体现了与现代考古学方法结合的研究方向。文物出版社还出版了刘志远等人的《四川汉代画像砖与汉代社会》一书，主要结合出土文物与文献，从政治、农业、城市商业交通、地主生活、舞乐百戏、神话等几个方面分析画像内容。韩玉祥主编的《南阳汉代天文画像石研究》收入了大量有关古代天文学的研究。

结合考古学的方法与手段，科学地对汉画像石进行综合研究，是近年来汉画像石研究水平提高的体现。在这方面有所创见的论文有：吴曾德、萧亢达的《就大型汉代画像石墓的形制论"汉制"——兼谈我国墓葬的发展进程》，蒋英矩《略论曲阜"东安汉里画像"石》、《汉代的小祠堂》，米如田《汉画像石墓分区初探》等。信立祥《汉画像石的分区与分期研究》是近年来对汉代画像石进行综合研究的一篇力作。它总结出汉画像石分布的四个中心区域，认为由于四个中心区域的经济地理条件、文化传统与社会状况不同，造成它们产生画像石的时间与发展过程也各不相同。文章还对各个地区画像石进行了分期排列。信立祥指出这四个区域的画像石共性大于个性，雕刻方法的发展阶段相同，汉代画像是为当时的丧葬礼仪服务的，是当时大土地占有制的产物。信立祥在博士论文基础上完成的专著《汉代画像石综合研究》一书已由文物出版社出版。它着重解决汉代画像石的分区、分期及整体复原等问题，比较深入地反映了本世纪汉代画像石研究的学术水平。

这些研究成果表明画像石研究风气的改变。学术界已经开始逐渐注重对画像石的综合研究，改变了以往把画像石与墓葬分割开来，单纯研究画像的题材、技法、风格等专题做法。从而使有关研究更加全面深入。体现了当代科学多层次、多视角的新面貌。

将近代考古学研究方法、实地考察复原工作与传统的画像石研究联系起来，可以取得更为科学完整的材料与新的研究成果。蒋英炬、吴文祺在这方面取得的突出成绩体现在《汉代武氏墓群石刻研究》一书中。武氏墓群石刻，位于山东省嘉祥县，是我国东汉时期遗留下来的一组比较完整而且具有代表性的画像石刻与墓葬石刻群体。由于它是最早被人们注意与加以著录的汉代画像石刻，在美术史、金石学以及近代考古学的研究中都具有重要意义。以往传统的金石学著录虽然有数十种著作涉及这批材料，取得了一定成就，但仍存在着相当的局限与缺点。"由于缺乏近代考古学的科学方法，它多集中注意于画像榜题故事内容的考证与描述，或品评画像拓本的优劣完缺，而不注意对画像石刻原物的考察。对画像石构成的建筑形制如双阙，尤其是对那零落散乱的祠堂画像石在建筑上的配置及其相互之间的关系这些基本问题则忽略了，更不要说未能涉及画像石刻艺术及社会背景等方面的研究。基于这种倾向，以往的许多著录只知记录有画像内容的画幅，而不追究这些刻画的石头，有些材料被遗弃，各家著录的画像幅数和刻有画像的石头数也混淆不清；或只凭辗转到手的画像拓本，所录材料片断不全。……对武氏墓群石刻缺少综合、系统、完整的著录，不能反映出武氏墓群石刻的原状和整体面貌。"[27]

蒋英炬、吴文祺等人在现场考察的基础上，对画像石的来源、数目、准确的尺寸与形制特点作了深入调查考证，对零散的祠堂画像石作了建筑配置研究，得到了基本成功的复原。在复原中，特别注意了祠堂画像的整体布局与相互关系。经过建筑复原后，不仅清楚了原来的建筑形式，有助于对汉代建筑形制的研究，而且有利于进一步考察确定画像石的内容与组合情况，揭示出一个内在规律，即"总观这些画像在祠堂建筑中的布局，显示出一定的规范化和固定化的特点，具有一定的规律性。若把祠堂中的画像扩而大之来看，它就像包括天上、人间的一个大空间世界，根据汉代社会的五行方位和信仰习俗，把所刻画像内容布置在一个祠堂建筑的小空间内。这样，祠堂建筑物中有些画像内容和方位布局是有机联系的"[28]。此外，还可以结合复原，对其中的车马出行图作出全面认识，缀合有关的历史故事画，考察水陆攻战图等。这些作法，都是汉代画像石研究中结合考古学方法的新动向，使有关研究更加深入，得到国内外学术界的好评。

对于汉代画像石这一重要文物考古资料进行全面的资料汇集，应该是今后一项重要的工作。现在，这些材料仍然散布在各地，对有关发现情况缺乏系统完整的介绍，这对于全面了解画像石并将综合研究水平加以提高是极为不利的。如果能够将现有汉代画像及有关情况的全部资料系统全面地发表出来，必将使有关研究产生突破性进展。我们寄希望于新的世纪。

**注　释**

[1] 河南省博物馆：《南阳汉画像石概述》，《文物》1973 年第 6 期。

[2] 陕西省考古研究所、榆林地区文物管理委员会：《陕西神木大保当第 11 号、第 23 号汉画像石墓发掘简报》，《文物》1997 年第 9 期。

[3] 杨技高：《四川岩墓略考》，《华文月刊》第 6 期。

[4] 常任侠：《重庆沙坪坝出土之石棺画像研究》，《常任侠艺术考古论文选集》，文物出版社，1984 年。

[5] 龚廷万、龚玉、戴嘉陵：《巴蜀汉代画像集》，文物出版社，1998 年。

[6] 王思礼：《山东肥城汉画像石墓调查》，《文物参考资料》1958 年第 4 期。

[7] 刘心健、张鸣雪：《山东莒南发现汉代石阙》，《文物》1965 年第 5 期。

[8] 绥德县博物馆：《陕西绥德汉画像石墓》，《文物》1983 年第 5 期。

[9] 陕西省博物馆编：《陕北东汉画像石选集》，文物出版社，1959 年。

[10] 同注 [9]。

[11] 陕西省博物馆、陕西省文管会：《米脂汉画像石墓发掘简报》，《文物》1972
    年第 3 期。

[12] 南京博物院、邳县文化馆：《东汉彭城相缪宇墓》，《文物》1984 年第 8 期。

[13] 山东省博物馆、苍山县文化馆：《山东苍山元嘉元年画像石墓》，《考古》
    1975 年第 2 期。

[14] 济宁地区文物组、嘉祥县文管所：《山东嘉祥宋山 1980 年出土的汉画像石》，
    《文物》1982 年第 5 期。

[15] 南阳市博物馆：《南阳发现东汉许阿瞿墓志画像石》，《文物》1974 年第 8
    期。

[16] 梁文骏：《四川郫县东汉墓门石刻》，《文物》1983 年第 5 期。

[17] 见《北京大学学报》1984 年第 1 期。

[18] 见《文物》1984 年第 8 期。

[19] 见《考古与文物》1986 年第 5 期。

[20] 见《中原文物》1985 年第 4 期。

[21] 见《中原文物》1985 年第 3 期。

[22] 见《文博》1987 年第 4 期。

[23] 见《考古》1987 年第 11 期。

[24] 见《文物》1981 年第 10 期。

[25] 见《考古》1991 年第 11 期。

[26] 见《四川文物》1990 年第 6 期。

[27] 蒋英炬、吴文祺：《汉代武氏墓群石刻研究》，山东美术出版社，1995 年。

[28] 同注 [27]。

四 其他石刻材料

# （一）摩崖题记

以往可以了解到的西汉摩崖石刻很少。近年来，在内蒙古阿拉善盟阿左旗通湖山发现了一处被判断为西汉武帝时期的石刻铭文。据报道，这处铭文为隶书，略带秦代篆书风格，共200余字，面积达 2.25 平方米，可惜由于风沙剥蚀严重，难以释读，可辨识者仅 100 余字。初步分析为汉武帝时记录军功的铭文[1]。

在江苏连云港的东西连岛，发现一件在摩崖上用隶书刻写的西汉界石，存 40 余字，记录了西汉初年琅琊郡的郡界四至。有人认为，这是我国最早的界域刻石（图二一）[2]。

陕西汉中石门摩崖题记，是自古以来就享有盛名的汉代至宋代以后的摩崖题刻群，包括著名的《石门颂》。60 年代，为了修筑水库，将这批摩崖题记全部搬移到汉中博物馆保存，并且还专门进行学术讨论会，对这批石刻进行深入的研究。主要论文有：张仁镜《试论石门摩崖研究的历史意义》[3]、王景元《浅谈石门摩崖石刻的传播》[4]、郭荣章《北魏石门铭考》[5]、舟子《羊祉与"石门铭"初考三题》[6]等等。这些论文，从不同角度对开凿石门的历史功绩、石门的开凿时间、以后石门出现的堵塞情况以及石门题记的书法价值等问题作了探讨。还有

图二一　西汉连云港界域刻石

些论文集中讨论了关于蜀道的问题。如：郭荣章《蜀道之谜新探》、唐寰澄《论秦蜀栈道的几个问题》、蓝勇《历史上的阴平正道与阴平斜道》、李烨《米仓道考察记》[7]等。汉《石门颂》中有"更随围谷，复通堂光"的语句。黄盛璋曾经指出：围谷即韦谷，在骆谷附近，此道即傥骆道[8]。后来，辛德勇进一步考证确定，堂光与围谷指的是同一条道路，就是傥骆道[9]。这些研究，在中国古代历史地理，特别是古代交通的研究上具有重要价值。

1980 年，在内蒙古鄂伦春自治旗的嘎仙洞中，有一件引人注目的发现。这就是北魏太平真君四年（443 年）刻写的祭祀鲜卑石室的摩崖题记（图二二）[10]。有关这件题记的内容与祭祀经过，在《魏书·礼志》中有详细的记载。《魏书·礼志一》记载："魏先之居幽都也，凿石为祖宗之庙于乌洛侯国西北。自后南迁，其地隔远。真君中，乌洛侯国遣使朝献，云石庙如故，民常祈请，有神验焉。其岁，遣中书侍郎李敞诣石室，告祭天地，以皇祖先妣配。"后面附有祭祀祝文。由于年代久远，对于鲜卑石室的所在，始终没有明确的证明。这次在洞中石壁上发现的题记，字迹清晰，内容与《魏书》记录的原文基本相同，从而证实了有关鲜卑早期历史的文献记载是基本可信的。同时也有助于解决乌洛侯国等地的具体所在等历史地理问题。结合石室的考察，发掘出大量夹砂灰褐陶片及骨镞、石镞等，有助于证实札赉诺尔遗址是鲜卑遗址的考古学研究成果。

1984 年，在江西省上犹县双溪乡扬屋村北面发现了一处罕见的西晋摩崖石刻，发现者根据题记"建兴二年"及楷书字体，推断为西晋建兴二年（314 年）的石刻。题记内容为赞颂山川景色的四字韵文[11]。

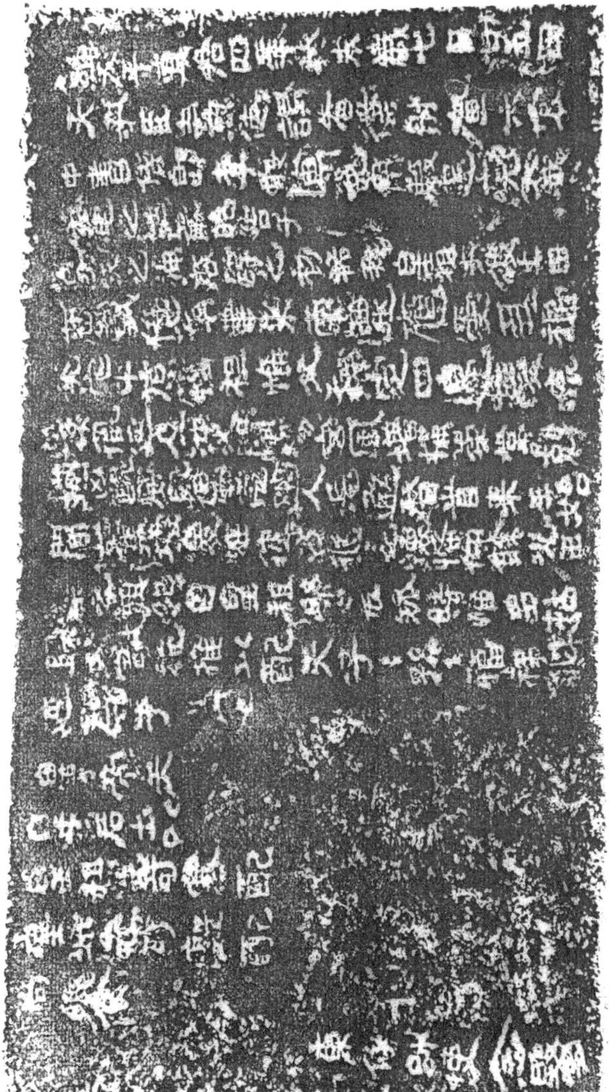

图二二　北魏鲜卑石室铭

在黄河沿岸的悬崖上，留存有历代经由此地的商旅、游客写下的摩崖题记，记录了古代黄河船运的情况，对于了解黄河漕运是不可多得的宝贵资料。考古工作者在对河南陕县一带的调查中，发现了从汉代、南北朝、唐代到清代的摩崖题记约100多段，成为一笔可贵的文物财富[12]。

有关唐代的摩崖题记等石刻材料，以往多着重于著录以及考证其中的人物。新近发现的一些题记，对了解唐代的交通情况以及与边疆民族的交往情况颇有裨益。例如在西藏自治区吉隆县发现的唐显庆三年（658年）大唐天竺使出铭，就记录了唐朝显庆三年（658年）王玄策出使天竺，经过此地的情况，证实了中原与西藏、天竺等地的交往情况与交通道路[13]。

这件题记是西藏文管会文物普查队在1990年6月发现的，位于西藏境内靠近尼泊尔边境的吉隆县阿瓦呷英山嘴西北至东南走向的崖壁上。摩崖题记正文宽0.815米，残高0.53米，下半部因修建水渠被毁坏，阴文楷书24行，推测原来每行约30至40字，现共残存约222字。

这件题记的发现与研究者霍巍结合考古调查的资料考察了王玄策出使天竺的道路，指出唐代使节出使天竺经由吉隆宗喀，然后由中尼边境拉苏瓦山口出境。他还论证了王玄策所在时期小羊同国的具体位置在吉隆与拉萨之间。参照古代文献中有关王玄策西行的记录，可以更确切地了解唐代通向吐蕃、天竺的"唐蕃古道"位置[14]。

根据简报，在西藏洛扎县吉堆的吐蕃墓地还发现了两处文字相同的摩崖石刻，石刻记载说吐蕃大臣得乌穷的墓地就在附近，这对于判断墓地的主人有一定的参考价值，从而对西藏吐蕃时期的考古编年研究具有重要意义[15]。在雅鲁藏布江上游的穷结青娃达孜山，发现了大约从 13 世纪到 17 世纪的摩崖造像[16]。而在拉萨布达拉宫附近，还发现过清代留下的摩崖题记[17]。这些发现，反映出在边疆地区，少数民族也曾经普遍刊刻摩崖石刻，这应该是今后边疆地区的文物考古调查中值得注意的一个方面。

北方的少数民族也遗留了一些值得注意的摩崖题记，为研究有关历史提供了实物证据。例如在吉林省海龙县发现的金代女真文字摩崖。它们是现存女真文字材料中比较完好的，从清光绪年间就有人介绍，见杨同桂《沈故》。以后，罗福成、金毓黻、鸟居龙藏、山下泰藏等人又对它进行了介绍。但是由于他们都没有亲自到现场调查，所以始终没有真正搞清摩崖的情况。70 年代，孙进己等人调查了这些金代摩崖，确定了它们的位置，深入考察了摩崖的刻写时间，认为这两件石刻中刻有汉字与女真文的一件约刻于金天德元年（1149 年），是金军将领阿台（《金史》中作阿德罕）所刻。另一件女真文摩崖是阿台的儿子在承安五年（1200 年）刻的。它们对于了解金代早期的历史活动有一定的参考价值[18]。

四川长江沿线分布着一些古代为了标记水位情况而刻写的石鱼题记。例如著名的涪陵白鹤梁石鱼题记。它位于长江中的一条天然石梁上。这条石梁走势与江水平行，夏秋之季一般没入江水中，但在天旱时就露出水面。这样，从唐代开始，人们就在枯水时于石梁上刻写题记，记载当时的水位情况，也有一些是游人的题记。现存题记达 163 段，共计 3 万多字，与水文有关的为 108 段，雕刻了 14 条石鱼，记载了自唐广德二年（764 年）至清代的历次石鱼出水情况以及同时涪陵地区的农业丰歉情形，计 72 个年份的枯水资料。这些题记文字大的约有 2 米见方，小的只有 0.3 米左右。最大的石鱼长 2.8 米，宽 0.95 米。清康熙二十四年（1685 年）刻的一对雌雄鲤鱼最为清晰。据实测，这对鲤鱼的眼睛海拔高程为 137.91 米，与当地现在树立的水位零点高程相差无几，说明了石鱼刻造中较高的科学性。此外，由于这些题记中有不少刻写得十分精美，包括黄庭坚、朱熹等名人的手笔，又有人把它叫做"水下碑林"，成为书法艺术的宝库。

1958 年以来，四川对涪陵的石鱼题记进行了调查与勘测，并发表了调查报告[19]，引起了水利、航运及农业等生产部门的重视。从 1967 年开始，有关人员有计划地对长江支、干流作了四次洪水调查，勘察了沿江与历史洪水有关的岩刻、碑记、古建筑、古遗址、古墓葬等，查考了历史洪水题记与洪水痕迹 200 多处。1972 年至 1974 年间，又在长江中发现了 11 处历史枯水题刻群、枯水题记 362 段，其中有年份记载的 179 段。这是非常宝贵的历史科学资料，对当代建设起到了重要的参考作用。

此外，近年还报道过多处零星散布的历代摩崖题记，如四川三台发现的北宋摩崖题记，有诗歌，也有军事行动的记录[20]。江西广昌赤水镇古沅村发现一处面积巨大的摩崖石刻，占地约 400 平方米，用古文字符号书写，尚不可确释[21]。

## （二）汉代石阙、黄肠石与其他建筑石刻

汉代石阙是一种重要的古代建筑遗存，在古代建筑与古代石刻艺术研究中具有不可替代的参考价值。早在北朝，地理名著《水经注》就已经对当时保存的汉代石阙作了详尽的记录，

引起了人们的普遍注意。由于石阙为地上的纪念性建筑，能够保存下来的数量有限，现在尚完好的汉代石阙大约有 25 处左右，主要分布在四川、山东、河南等地，例如四川雅安的高颐阙，渠县的冯焕阙、沈府君阙（图二三、二四），绵阳的平阳府君阙，河南登封的太室、少室、启母三阙等，都是历来深受重视的珍贵文物。解放以来得到了大力保护与修复，并且被确定为全国重点文物保护单位。对于这些石阙的建筑形式与画像装饰，也进行了深入研究讨论。例如河南省博物馆等单位编写的《中岳汉三阙》，四川编写的《四川的汉阙》等。

近 50 年来，在田野考古发掘调查中，又陆续出土了一些小型的汉代石阙，这些石阙大多是墓地上的墓阙。例如在山东省莒南县发现的东汉元和二年（85 年）孙仲阳阙[22]，在北京市石景山区出土的东汉石阙顶部构件[23]等。

黄肠石，是指汉代构筑大型陵墓使用的石料。这些石料上往往有刻写或墨书的文字。内容主要是记录工匠的名字、籍贯，石料的编号等，虽然简略，却对于认识汉代陵墓建筑情况与确定陵墓的时代、主人等重大问题具有宝贵的参考价值。因此，在清代就已经有金石学者注意到它。本世纪中，在一些考古调查与发掘中，曾经发现汉代的各种黄肠石刻（图二五）。其中年代最早的可能是徐州龟山西汉楚王陵塞石上的刻铭，而数量尤为突出的是近年在河南永城县芒砀山西汉梁国王陵出土的一批石刻[24]。

芒砀山西汉梁国王陵区，根据现在的勘察，可以分为三个区域，即保安山陵区、僖山陵区与夫子山陵区。这些陵区内的大量大型洞室墓中，都出土有刻写文字的石料，主要是用于填塞墓道的石块，发掘者称为塞石。例如：被认为是梁孝王墓的保安山 1

号墓,早年已被盗,现在仅存空墓室。从清理斜坡墓道的情况分析,当时的墓道是用每块约1吨重的塞石充填,大部分塞石上刻有排列的序号文字。柿园山1号墓的墓道及甬道全部由石块封填,部分塞石上刻有制作的日期、石工姓名及长、宽、厚尺寸等。僖山1号墓的墓道后段用408块石料封堵,大部分石料上刻有文字。其内容是石块的方位、编号与工匠的姓名等。西黄土山1号墓墓室是一座较小的竖穴岩坑石墓,内壁的石板上阴刻多处文字,其中有一些官员的官职与名字,发掘者推测,这座墓可能是某位梁国官员之墓。

　　保安山2号墓,是河南省文物考古研究所

图二三　东汉沈府君阙

在 1993 年清理的大型洞室墓。墓中出土的塞石及石刻文字数量极为庞大。这里就以它为例证，将汉代陵墓中使用的黄肠石、塞石铭刻体例详细介绍一下。

保安山 2 号墓的墓道、甬道、前庭与甬道内各个侧室的门道全都用巨大的塞石来封堵，除去被破坏者以外，还清理出近 3000 块，几乎每块塞石上都有刻文，字面上多发现有朱砂书写的痕迹，有的塞石上还保存有朱砂文字。封堵情况与石料上刻写序号的对照结果表明，当时封堵时预先进行了精心设计与合理安排，使工程按刻写的石料顺序有条不紊地进行，表现了当时建筑高

图二四 东汉沈府君阙

超的工艺与管理水平。

在这些塞石上发现的文字共有1万余个，不同的单字为100余个，因为内容限制，主要为数字、干支、尺寸单位与一些人名等。刻字的风格不同，显然是出于多人之手，书体以篆书为主。刻字内容可以大致分为八大类，如：

1. 顺序刻字：主要是顺序字号，在几乎每块石料上都有表示其具体位置的顺序号，如第四廿、第一六十七、第八五十八等等。结合具体封堵的情况分析，顺序号中包括所在层的排号与所在层中的顺序号，如第四廿就是第四层中的第二十块石料。

2. 塞石的尺度：记录塞石的"长"、"广"（宽）、"厚"尺度，有的"长"用"袤"字代替，但比较少见。也有些只记录了其中的一、两项。例如："长五尺、广三尺二寸、厚尺五寸"，'厚尺四寸、广三尺二寸、长八

图二五　东汉黄肠石题字

尺三寸"，"厚二尺、广三尺、衺六尺三寸"，"厚二尺、广四尺"，"厚尺四寸、长五尺"等等。这批度量数据，对于了解汉代尺、寸的长度是宝贵的实物证据。将每块塞石的实测数据与上面记录的尺寸相换算，再将这些数值加以平均，可以得出汉尺折合现在公制 22.708～22.724 厘米的结果，与以往学术界根据其他出土实物测算出的结果相近。

3. 干支记时：这类刻字，一部分是仅刻干支，一部分是在干支前加上数字或月份，还有只刻月份的。如："正月"、"癸卯"、"四月丙辰"、"五丙午"等。通过这些记载，有助于了解工程进行的时间安排。

4. 石工的名字：这类刻字不多，有"佐崖工禄"、"佐婴工婴"、"何徒王"、"何徒印"、"佐崖丁偓"等。

5. 宫室方位：刻有这类内容的石料一般比较短，比较厚，可能是用于指示墓中各个宫室的位置。如："西宫东北旁第二二、第二北"，"东宫东北旁第三一"，"东宫东南旁第三一"，"西宫西南旁第一、一"等等。它们虽然简单，却为确定墓葬各部位的名称与相对关系提供了宝贵的证据。这些刻字所指示的宫室位置情况与清理时的结果完全符合。

6. 施工顺序：这类刻字只发现在 2 号甬道的内塞石上面，一共有 10 块。根据现场清理，它们都放置在甬道内的南边或靠南边的一排，也有个别的在北方。上面除了刻有顺序号与个别刻有尺寸以外，都刻有"南方"二字，有些还刻作"始施南方"、"二施南方"、"南方三施"、"四施南方"等。可能是表示先后几次施工的顺序。

7. 墓葬部位的尺度记录：这类内容的石刻只在墓葬前庭发现一件。上刻"第二一第二广二丈九尺八寸长五丈七尺"。

这里记录的应该是前庭的长、宽尺寸。

8. 其他零星刻字：例如"备"、"甲"、"里"、"宋阳"、"猪"等。这些有的可能是石工的名字，有的可能是地名。

在墓室中，还有大量内容与此近同的朱书文字。

在陕西咸阳西汉帝陵陵区发掘的西汉济南王刘咸墓，是一座王莽时期的大型积沙石墓。该墓的构筑方法比较罕见，在砖券洞室四周的回廊及其顶部均填以砂石，积石达 400 余块，用以防盗。在已经清理的 207 块大石上，有 170 块写有文字。在洞室墓的砖壁上也发现 1007 处文字。这些文字以隶书为主，也有部分小篆与行书书体。刻写的比较少，朱砂书写的最多。内容有属于将作大匠的五令丞之简称："左"、"右"、"前"、"后"、"中"以及"中校"、"宫府"、"宫石"等。根据铭文可以知道这些石块由地方官署与个人贡献，地方贡献的来自 15 个地点，个人贡献者有 70 余人。采石地点是咸阳附近的槐里（今陕西兴平）。砖文涉及制作工匠 50 余人，并记载了他们的制作情况和多处制砖作坊，还记录了管理的官署名称。这些铭刻文字，是研究这座墓葬墓主与墓葬建造时间的宝贵材料，也为研究当时的官制、行政地理、社会状况等提供了重要的原始资料[25]。

大量黄肠石与墓葬建筑用石上面的铭文，反映出汉代上层社会大型墓葬的建造制度与有关的官方管理情况，对于认识汉代的墓葬制度、分期与礼仪制度具有重要的作用。这些铭文虽然简单，但是它们在近代考古研究中的价值却是不可低估的。

此外，在河北定县东汉中山简王墓等处，也曾经发现大量刻、写在墓中石件上的文字。如定县北庄汉墓出土的铭刻文字，据不完全统计为 174 块。文字记录了打造石块的工匠姓名、籍贯与石材尺寸等，从所刻地名来看，以中山国所属的县名为多，有卢奴、北平、北新城、唐、安险、望都、苦陉、安国、曲逆、新市、毋极等 11 处。这为判断墓葬的墓主与时代提供了可靠的证据[26]。

近 50 年来，对于大批古代建筑遗址进行了发掘，在发掘工作中，曾经发现了一些刻写在柱础或其他建筑用石上的铭文，表现出当时在施工中对建筑构件普遍加以标记的管理制度，即"物勒工名"。它们对于遗址的断代与有关研究具有重要的参考价值。例如在西安发掘的汉代长安礼制建筑遗址中，遗存的柱础上就有多处刻写或朱砂书写的文字，有些是监工与工徒的名字，有些是吉祥用语，有些是数字、年号、地名等[27]。此外还有一些用于标明建筑奠基的石刻，例如在陕西省西安的唐代含元殿遗址中曾经出土了一件方形石志，上面刻写了"含光殿及毬场等，大唐大和辛亥年乙未月建"。它既标明了建筑的时间与地点，又说明了宫中打马毬的风习，是一件重要的唐代建筑标志[28]。

民间的建筑上同样有用石刻记录建筑时间的作法。山东曲阜的汉代城墙附近出土了一件石条，长 1.14 米，宽 0.39 米，高 0.185 米，上面刻有"建武廿二年十月作淕新富里"的字样，显然是标志修建水渠的东汉用石[29]，表现出当时广泛用石刻标记建筑情况的风气。

## （三）石窟造像题记、佛教刻经等佛教石刻

古代石刻中数量最大的一批文物，是埋藏在北京市房山县云居寺的房山石经。它是世界上现存内容最完整的石刻大乘佛

经，自隋代开始刊刻，历经唐、辽、金、元、明多个朝代才基本完工。50 年代以来，由中国佛教协会等单位组织，对房山石经进行了发掘清理工作，取得了很大成绩，这次将埋藏在九个石洞与一个地穴中的石经全部发掘，共计出土石刻经版14620 件，另有残刻经 420 件，各种碑铭 82 件。这些经版上面共刻写了经文 1100 多种，3500 余卷。经过多年整理，已经编写出房山石经的详细目录。这是对佛教研究的重大贡献。此外，在经版上附刻的刻经题记中记录了大量各个时代的人名、地名、行会、商业、职官等方面的内容，有关唐代幽州地区地名、商业行会等方面的材料尤其引起唐史与北京史研究者的兴趣[30]。现在，又将石经回藏到严密封闭的地下库室中保护，可以永久保全这一珍贵的文物宝藏。

除此之外，在有关佛教摩崖造像题记的考古调查中有不少新的发现。例如在河北、山东、山西一带发现了大量北朝时期刻写在山间崖壁上的佛经及有关题记。在河北涉县中皇山发现的北齐刻经《十地经》、《思益梵天所问经》、《佛垂般涅般略说教戒经》、《佛说盂兰盆经》、《深密解脱经》、《妙法莲华经》等，就是近年的一批重要发现，总计刻写经文达 13 万余字[31]。在山东平阴发现的《文殊般若波罗蜜经》与"大山岩佛"等题记十余篇，也颇令人瞩目[32]。1993 年，在河北曲阳西羊平村还发现了一些刻在摩崖造像经龛内的佛经与题记，有《佛垂般涅般略说教戒经》、《妙法莲华经·观音菩萨普门品》、《现在贤劫千佛名经》等[33]，根据题记，它们大多为隋代的铭刻。这些材料对于了解北朝晚期及隋代佛教在华北地区流行的状况与传教内容都是很好的参考资料。

山西晋祠收藏的唐代武则天时期刻写的华严经八十卷，原来收藏在太原风洞的藏经洞中，由于日寇曾欲盗走，当地人民奋起保护，以后转移到晋祠收藏。这批石经大多为高 1 米以上的方形刻石，也有少数是五面与八面的棱柱。1995 年，在原来收藏这批石经的风洞遗址以南偏东约 100 米处，发现了五代时期后唐长兴元年（930 年）的一件经幢，上面刻有"造花严经一部八十卷"的字样，证明了原来刻经的所在。在中原与西南等地还陆续发现了大量唐代等时期的题记与刻经等铭刻材料。例如四川安岳卧佛沟、仁寿、资中等地发现的造像题记[34]。

1996 年，在四川都江堰的灵岩山发现一处藏经洞，出土了 150 块唐代刻写的石经版。这里在清代光绪年间曾经发现过大量唐代石刻佛经，包括《大般若经》、《月灯三昧经》等。这次出土的佛经石版高、宽均在 0.6～0.7 米，沿着岩壁依次排列重叠[35]。这些发现，表明古代刻写石经的活动不仅局限在北京云居寺一处，各地都可能有所发现。

经幢是在唐代开始兴起的一种佛教装饰石刻。由于它有祈求福祉、消除罪业的意义，所以使用面逐渐扩大，由寺院发展到墓地与墓葬中。现存于地面的一些古代经幢都得到了很好的保护。一些年代久远、雕刻精美的经幢被确定为全国重点文物保护单位，如上海松江的唐代经幢、河北赵县的宋代陀罗尼经幢、云南昆明的大理国地藏寺经幢等。河北省保定市在 1962 年发掘出两件明代弘治十五年（1502 年）用西夏文刻的尊胜陀罗尼经幢，是十分罕见的西夏文石刻，具有重要的历史价值[36]。从幢文可知，这两座经幢的建造者是西夏人，为当地兴善寺的住持，书写经幢的是西夏人，而刻写经幢的是石匠毕氏兄弟，他们既通汉文也通西夏文。这说明直至明代中期，还有一批西夏人居住在保定一带，使用自己民族的语言文字，而没有被汉族社会融合进去。以往多认为，刻于元代至正五年（1345）的居庸关过街塔西夏文题记是最晚的西夏文材料，而这两座经幢的发现，把使用西夏文的历史推迟了150余年。它对于了解西夏文的流传情况，研究党项族后期的历史与活动具有珍贵的价值。

佛教石窟是中华古代文化的珍贵遗产，对于石窟的研究是近代考古学研究中的一个重要方面，需要专门介绍。这里仅将有关石窟中石刻造像题记的一些新发现与研究成果简要介绍一下。

石窟造像题记往往是考察一个石窟建造年代的重要依据，此外，造像题记还涉及到当时的历史人物、社会风俗、佛教宗派等众多课题，因此，石窟题记与有关碑刻在佛教研究与石窟考古研究中，具有不可替代的重要作用（图二六）。河南洛阳龙门石窟作为中国石窟中造像题记最丰富的一处，具有典型意义。在本世纪中，尤其是在近50年中，文物工作者对龙门石窟进行了全面的调查与清理，发现了大量以前没有著录的造像与题记。1970年至1974年龙门文物保管所对龙门的所有石刻进行普查，共调查出造像题记2840品，比以往各种金石著录收录的龙门题记总和还要多出411品。这些新发现的题记，有些是在文物维修中拆除旧的建筑时露出的，如拆除宾阳洞、潜溪寺等处清代建筑的拱券后发现的圣历二年（699年）裴葆秀造像记，苏玄德造像记，李婆、郑三娘、杨二娘、杨四娘、杨六娘等造像题记，王婆为亡夫造像记，乾封二年（667年）东台主书许思言造阿弥陀像记，永徽元年（650年）汝州刺史驸马都尉渝国公刘玄意造金刚记，显庆三年（658年）五月十三日封鲁客造阿弥陀像记，冯仵郎造像记，为亡□□李思贤造像

图二六 北魏元燮造像记

记等。有些则是处于山崖高处，以往没有发现的题记，如宾阳洞上方摩崖法胜造像记二品、法藏造像记二品、明如造像记五品、唐夫造像记二品、高婆造像记、高顺达造像记等，石牛溪南摩崖上部的开元五年（717年）魏牧谦阿弥陀释迦弥勒像记、调露二年（680年）渝州刺史李敬真造像记、大唐黄州司法邢君造像记、明豫州家功德造像记，赵客师洞上方摩崖的永淳二年（683年）魏简公卢公妻造弥勒像记、长寿三年（694年）造像记，魏字洞上方摩崖的证圣元年（695年）卢康女造弥勒像记、载初元年（689年）为亡女杨六娘造阿弥陀像记，唐字洞上方摩崖的兰州司户参军郎高造像记、载初元年（689年）杨神荣造像记。有些是由于残泐不清而没有著录的题记，如潜溪寺南的明代万历三十八年（1610年）张一川造地藏王记、宾阳北洞的咸亨四年（673年）将作监丞牛懿德造地藏菩萨记、宾阳南洞的麟德二年（665年）王玄策造弥勒像记等[37]。

　　针对这些具有重要历史资料的造像题记，进行了多方面的考证与研究。孙贯文《龙门造像题记简介》一文首先就题记中的各种资料所反映的造像事由与愿望、造像主的身份地位、造像的名称与区数、具有时代特色的称谓、姓氏、常用名字、别体文字等问题加以综合考证，深入分析[38]。以后，李玉昆又更广泛地归纳了出资营造石窟人物的身份、造像原因、造像题材、吉祥语、造像特点等[39]。通过龙门题记的内容，研究龙门石窟的开凿历史和佛教史等。通过题记可以看出，龙门石窟开凿后，当时大多没有专门的名称，只是用当时所在地附近的寺院作为石窟所在地段的名称，从而有助于研究龙门石窟的开凿历史与确切年代，如利用孙秋生造像记记录的时间来确定古阳洞的开凿时间。还可以总结题记中的历史资料，了解当时洛阳的社会状况与当时的风俗习惯等。而题记反映的唐代弥勒崇拜、观世音崇拜，禅宗、净土宗的流行情况等，对于佛教史的研究颇有裨益。

其他如对山西大同云冈石窟中的北魏题记与云冈开凿时间的研究，对麦积山石窟中北朝题记的考证等，都是有关石窟寺研究的重要收获。它们对于有关石窟的开凿时间与建造石窟的供养人身份等问题都起到了重要的参考作用。对江西赣州通天岩石窟的调查，全面了解了这一处被确定为第三批全国重点文物保护单位的石窟造像群，在现存的 315 处洞窟中，共发现自晚唐五代至清代的题记石刻 128 品，其中有明代著名文人王阳明在此讲学的题诗等[40]。

1983 年至 1984 年，河南省古建保护所对具有特色的安阳宝山与岚峰山的佛教摩崖塔林进行了调查与保护工作，共发现塔龛 156 个，包括拱形龛、碑形龛与屋形龛等类型。龛内均有浮雕塔像，一部分塔的旁边刻有题记。这里是国内发现的最大的摩崖浮雕佛教塔林。它的发现为中国古代石刻又增添了新的门类。

中国古代佛教舍利塔基的发掘与研究，是近年来考古学研究的又一重要收获。在大量舍利塔基与地宫中，出土有石雕舍利函这种重要的佛教文物。例如陕西耀县[41]、甘肃泾川大云寺[42]、陕西临潼[43]、陕西扶风法门寺[44]、江苏镇江甘露寺[45]等地的塔基发掘中均出土了雕刻精美的舍利石函。一些石函的外表刻写有石函题记，记载了石函下葬的时间与供养人姓名等。例如河南密县法海寺的北宋塔基中出土 2 件石函，其中一件的盖石下面刻有供养人、制作人的姓名以及"咸平二年……八月……二十日葬"等字样[46]。有些石函的顶部及四周均刻有铭文。例如辽宁省阜新县贝利房村辽塔地宫中的辽清宁四年（1058 年）舍利石函，刻写石函铭文 138 字，还有大量供养人名[47]。又如辽宁省沈阳市塔湾无垢净光舍利塔地宫中发现的石函，石函上刻写了长达 5000 多字的铭文，除记载修建佛塔的经过以外，还附有大量供养人题名[48]。河南邓州福胜寺的地宫中出土了舍利石函，它下面的须弥座束腰上刻写了宋代天圣二年（1024）二月二十五日《地宫记》铭[49]。在塔基中，还发现过有关建塔的碑石，如陕西周至县仙游寺的舍利塔基出土石函，其右侧有方形石碑，在石碑的正面刻写舍利塔下铭，记录了隋仁寿元年（601 年）十月十五日在此奉安舍利、敬造灵塔的情况；而在碑阴则刻写了唐开元十三年（725 年）重修灵塔的经过[50]。甘肃临夏市万寿寺塔基就曾经出土金代贞祐三年（1215 年）的瑞容佛光塔碑。碑上刻写了礼部批准民人出资将塔买下的牒文[51]。山西临猗双塔寺的地宫中出土了北宋熙宁二年（1069 年）的石宫碑[52]。这些石刻文字对于有关寺院与佛塔建筑的研究具有重要意义。

## 注　释

[1] 王大方：《阿拉善盟发现汉武帝时期石刻铭文》，《中国文物报》1994 年 9 月 18 日。

[2] 刘洪：《连云港东西连岛发现我国最早的隶书界域刻石》，《中国文物报》1991 年 18 期。

[3] 张仁镜：《试论石门摩崖研究的历史意义》，《成都大学学报（社科）》1989 年第 1 期。

[4] 王景元：《浅谈石门摩崖石刻的传播》，《成都大学学报（社科）》1989 年第

1 期。

[5] 郭荣章：《北魏石门铭考》，《考古与文物》1983 年第 4 期。

[6] 舟子：《羊祉与"石门铭"初考三题》，《文博》1989 年第 3 期。

[7] 以上均见于《文博》1994 年第 2 期。

[8] 黄盛璋：《褒斜道与石门石刻》，《文物》1963 年第 2 期。

[9] 《中国历史地理论丛》1990 年第 1 期。

[10] 米文平：《鲜卑石室的发现和初步研究》，《文物》1981 年第 1 期。

[11] 李坊洪：《上犹县发现西晋摩崖题刻》，《江西历史文物》1983 年第 4 期。

[12] 中国科学院考古研究所：《三门峡漕运遗址》，科学出版社，1959 年。

[13] 西藏自治区文管会文物普查队：《西藏吉隆县发现唐显庆三年〈大唐天竺使
出铭〉》，《考古》1994 年第 7 期。

[14] 霍巍：《"大唐天竺使出铭"及其相关问题研究》，（日）《东方学报》第 66
册，1994 年第 7 期；《从考古材料看吐蕃与中亚和西亚的古代交通》，《中国
藏学》1995 年第 4 期。

[15] 何强：《西藏吉堆吐蕃墓地的调查与分析》，《文物》1993 年第 2 期。

[16] 王望生：《西藏穷结青娃达孜山摩崖造像调查简报》，《文物》1993 年第 2
期。

[17] 西藏文管会文物普查队：《布达拉宫东侧的四处清代摩崖刻铭》，《文物》
1985 年第 11 期。

[18] 孙进己：《海龙女真摩崖石刻》，《社会科学战线》1979 年第 2 期。

[19] 龚廷万：《四川涪陵石鱼题刻文字的调查》，《文物》1963 年第 7 期。

[20] 左启：《三台发现北宋摩崖题刻》，《中国文物报》1998 年第 40 期。

[21] 李清恕：《广昌发现大面积石刻古文字符号》，《中国文物报》1993 年 19 期。

[22] 刘心健、张鸣雪：《山东莒南发现汉代石阙》，《文物》1965 年第 5 期。

[23] 北京市文物工作队：《北京西郊发现汉代石阙清理简报》，《文物》1964 年第
11 期。

[24] 河南省文物考古研究所：《永城西汉梁国王陵与寝园》，中州古籍出版社，
1996 年。

[25] 孙德润：《咸阳清理一座汉代大型积石沙墓》，《中国文物报》1995 年 1 月 18
日。

[26] 河北省文化局文物工作队：《河北定县北庄汉墓发掘报告》，《考古学报》
1964 年第 2 期。

[27] 考古研究所汉城发掘队：《汉长安南郊礼制建筑遗址群发掘简报》，《考古》

1960 年第 7 期。

[28] 中国科学院考古研究所:《唐长安大明宫》,科学出版社,1959 年。

[29] 胡涛、孟继新:《东汉新富里刻石在曲阜面世》,《中国文物报》1992 年 39 期。

[30] 中国佛教协会:《房山云居寺石经》,文物出版社,1978 年;北京图书馆、中国佛教文物图书馆:《房山石经题记汇编》,文物出版社,1987 年。

[31] 马忠理等:《涉县中皇山北齐佛教摩崖刻经调查》,《文物》1995 年第 5 期。

[32] 乔修罡、青柏:《平阴发现北朝摩崖刻经》,《中国文物报》1995 年 7 月 16 日。

[33] 刘建华:《河北曲阳八会寺隋代刻经龛》,《文物》1995 年第 5 期。

[34] 曹丹:《安岳卧佛院卧佛刻经与题记》,《四川文物》1990 年第 2 期,等。

[35] 傅敬蓉、干德明:《都江堰灵岩山出土大量唐石刻经版》,《中国文物报》1996 年 32 期。

[36] 郑绍宗、王静如:《保定出土明代西夏文石幢》,《考古学报》1977 年第 1 期。

[37] 李玉昆:《龙门碑刻及其史料价值》,《龙门石窟碑刻题记汇录》,中国大百科出版社,1998 年。

[38] 孙贯文:《龙门造像题记简介》,《考古与文物》1983 年第 6 期。

[39] 李玉昆:《龙门碑刻研究》,《中原文物》1985 年特刊;又见《龙门碑刻及其史料价值》,《龙门石窟碑刻题记汇录》,中国大百科出版社,1998 年。

[40] 张总、夏金瑞:《江西赣州通天岩石窟调查》,《文物》1993 年第 2 期。

[41] 朱捷元、秦波:《陕西长安和耀县发现的波斯萨珊朝银币》,《考古》1974 年第 2 期。

[42] 甘肃省文物工作队:《甘肃省泾川县出土的唐代舍利石函》,《文物》1966 年第 3 期。

[43] 临潼县博物馆:《临潼唐庆山寺舍利塔基精室清理记》,《文博》1985 年第 5 期。

[44] 陕西省法门寺考古队:《扶风法门寺唐代地宫发掘简报》,《文物》1988 年第 10 期。

[45] 南京博物院等:《江苏省出土文物选集》,文物出版社,1963 年。

[46] 金戈:《密县北宋塔基中的三彩琉璃塔和其他文物》,《文物》1972 年第 10 期。

[47] 刘谦:《阜新县贝利房村辽塔遗址出土文物考》,《阜新辽金史研究》,新天出

版社,1992 年。

[48] 沈阳市文物管理办公室、沈阳市文物考古工作队:《沈阳市塔湾无垢净光舍利塔塔宫清理报告》,《辽海文物学刊》1986 年第 2 期。

[49] 河南省古代建筑保护研究所等:《河南邓州福胜塔地宫》,《文物》1991 年第 6 期。

[50] 刘呆运:《仙游寺舍利塔的考古发现》,《中国文物报》1998 年 11 月 22 日。

[51] 张思温:《甘肃临夏瑞容佛光塔名牒考释》,《文物》1964 年第 2 期。

[52] 乔正安:《山西临猗双塔寺北宋塔基地宫清理简报》,《文物》1997 年第 3 期。

# 参 考 文 献

1. 赵明诚：《金石录》，行素草堂金石丛书本。

2. 王昶：《金石萃编》，嘉庆十年自刻本。

3. 陆增祥：《八琼室金石补正》，希古楼刻本。

4. 端方：《陶斋藏石记》，宣统元年石印本。

5. 罗振玉：《芒洛冢墓遗文》，自刻本。

6. 罗振玉：《邺下冢墓遗文》，自刻本。

7. 罗振玉：《广陵冢墓遗文》，自刻本。

8. 罗振玉：《吴中冢墓遗文》，自刻本。

9. 罗振玉：《山左冢墓遗文》，自刻本。

10. 罗振玉：《襄阳冢墓遗文》，自刻本。

11. 罗振玉：《恒农冢墓遗文》，永慕园双钩石印本。

12. 罗振玉：《蒿里遗文目录》，东方学会铅印本（续编见辽居杂著本）。

13. 罗振玉：《辽居稿》，自刻本。

14. 罗振玉：《松翁近稿》，1925 年铅印本。

15. 罗振玉：《雪堂金石文字跋尾》，永丰乡人稿刻本。

16. 郭玉堂：《洛阳出土石刻时地记》，大华书报供应社，1941 年。

17. 《沂南古画像石墓发掘报告》，文化部文物管理局出版，1956 年。

18. 黄文弼：《高昌砖集》，科学出版社，1957 年。

19. 向达：《唐代长安与西域文明》，三联出版社，1957 年。

20. 吴文良：《泉州宗教石刻》，科学出版社，1957 年。

21. 陕西省博物馆、陕西省文物管理委员会：《陕北东汉画像石选集》，文物出版社，1959年。

22．迟冰：《四川汉代雕塑艺术》，中国古典艺术出版社，1959年。

23．赵万里：《汉魏南北朝墓志集释》，科学出版社，1959年。

24．北京市文物工作队：《北京市出土墓志目录》，内部印行，1964年。

25．中国科学院考古研究所：《西安郊区隋唐墓》，科学出版社，1966年。

26．中国社会科学院考古研究所：《唐长安城郊隋唐墓》，文物出版社，1978年。

27．文物编辑委员会：《文物考古工作三十年》，文物出版社，1979年。

28．河北省博物馆：《河北省出土文物选集》，文物出版社，1980年。

29．南京市博物馆：《南京出土六朝墓志》，文物出版社，1980年。

30．《北京史论文集》，北京出版社，1980年。

31．中国社会科学院考古研究所：《新中国的考古发现和研究》，文物出版社，1984年。

32．宁夏博物馆 李范文：《西夏陵墓出土残碑粹编》，文物出版社，1984年。

33．中国大百科全书总编辑委员会《考古学》编辑委员会、中国大百科全书出版社编辑部编：《中国大百科全书（考古学)》，中国大百科全书出版社，1986年。

34．南阳汉画像石学术讨论会办公室：《汉代画像石研究》，文物出版社，1987年。

35．袁仲一：《秦代陶文》，三秦出版社，1987年。

36．北京图书馆：《北京图书馆藏中国历代石刻拓本选》，中州古籍出版社，1989年。

37．北京市文物研究所：《北京考古四十年》，燕山出版社，1990年。

38. 北京大学考古学系：《纪念北京大学考古专业三十周年论文集》，文物出版社，1990年。

39. 赵超：《汉魏南北朝墓志汇编》，天津古籍出版社，1991年。

40. 周绍良等：《唐代墓志汇编》，上海古籍出版社，1991年。

41. 隋唐五代墓志汇编编辑委员会：《隋唐五代墓志汇编》，天津古籍出版社，1991年。

42. 陈柏泉：《江西出土墓志选编》，江西教育出版社，1991年。

43. 洛阳市文物工作队：《洛阳出土墓志辑绳》，中国社会科学出版社，1991年。

44. 文物编辑委员会：《文物考古工作十年》，文物出版社，1991年。

45. 中国大百科全书总编辑委员会《文物·博物馆》编辑委员会、中国大百科全书出版社编辑部编：《中国大百科全书（文物·博物馆)》，中国大百科全书出版社，1992年。

46. 负安志：《中国北周珍贵文物》，陕西人民美术出版社，1992年。

47. 陕西省博物馆：《西安碑林书法艺术》，陕西人民美术出版社，1992年。

48. 李零：《中国方术考》，人民中国出版社，1993年。

49. 昭陵博物馆 张沛：《昭陵碑石》，三秦出版社，1993年。

50. 中国文物研究所、河南省文物研究所：《新中国出土墓志（河南分册)》，文物出版社，1994年。

51. 叶昌炽撰、柯昌泗评：《语石 语石异同评》，中华书局，1994年。

52. 李百勤等：《河东出土墓志录》，山西人民出版社，1994年。

53. 中国社会科学院考古研究所《汉唐与边疆考古研究》编委会：《汉唐与边疆考古研究（第一辑)》，科学出版社，1994年。

54. 向南：《辽代石刻文编》，河北教育出版社，1995年。

55. 赵力光：《鸳鸯七志斋藏石》，三秦出版社，1995年。

56．洛阳市地方史志编纂委员会：《洛阳市志·文物志》，中州古籍出版社，1995 年。

57．北京大学中古史研究中心：《敦煌吐鲁番研究（第一卷）》，北京大学出版社，1995 年。

58．宁夏回族自治区固原博物馆 罗丰：《固原南郊隋唐墓地》，文物出版社，1996 年。

59．河南省文物考古研究所：《永城西汉梁国王陵与寝园》，中州古籍出版社，1996 年。

60．曹锦炎：《古玺通论》，上海书画出版社，1996 年。

61．余家栋：《江西陶瓷史》，河南大学出版社，1997 年。

62．河南省文物考古研究所：《北宋皇陵》，中州古籍出版社，1997 年。

63．山西省考古研究所：《山西碑碣》，山西人民出版社，1997 年。

64．河南省地方志编辑委员会：《河南省志·文物志》，河南人民出版社，1998 年。

65．龚廷万、龚玉、戴嘉陵： 《巴蜀汉代画像集》，文物出版社，1998 年。

66．刘景龙等：《龙门石窟碑刻题记汇录》，中国大百科全书出版社，1998 年。

67．芮传明：《古突厥碑铭研究》，上海古籍出版社，1998 年。

68．魏坚： 《内蒙古中南部汉代墓葬》，中国大百科出版社，1998 年。

69．赵超：《新唐书宰相世系表集校》，中华书局，1998 年。

以及：历年的《中国考古学年鉴》，《中国考古学会年会论文集》，《考古》，《文物》，《考古学报》，《考古学集刊》，《文物资料丛刊》，《南京博物院集刊》，《江汉考古》，《考古与文物》，《中原文物》，《东南文化》，《文物春秋》，《四川文物》，《华夏考古》，《北方文物》，《辽海文物学刊》等社会科学期刊。

**图书在版编目（CIP）数据**

古代石刻/赵超著．－－北京：文物出版社，2001.4
（2020.11重印）

（20世纪中国文物考古发现与研究丛书）

ISBN 978-7-5010-1241-1

Ⅰ．古…　Ⅱ．赵…　Ⅲ．石刻－考古－研究－中国
Ⅳ．K877.404

中国版本图书馆CIP数据核字（2000）第55282号

20世纪中国文物考古发现与研究丛书

# 古代石刻

著　者　赵　超

封面设计　张希广
责任印制　陈　杰
责任编辑　张庆玲
重印编辑　吕　游
出版发行　文物出版社
社　址　北京市东直门内北小街2号楼
网　址　http://www.wenwu.com
邮　箱　web@wenwu.com
印　刷　文物出版社印刷厂有限公司
开　本　850mm×1168mm　1/32
印　张　7.5
版　次　2001年4月第1版
印　次　2020年11月第2次印刷
书　号　ISBN 978-7-5010-1241-1
定　价　40.00元